A CAMINHO DA LUZ

Esclarecimento ao Leitor

Esta nova edição procura contemplar o texto do autor espiritual Emmanuel, psicografado por Francisco Cândido Xavier, conforme registrado nas primeiras edições, arquivadas e disponíveis para consulta nos acervos da FEB (Patrimônio do Livro e Biblioteca de Obras Raras).

Dessa forma, as modificações ocorrerão apenas no caso de haver incorreção patente quanto à norma culta vigente da Língua Portuguesa no momento da publicação, ou para atender às diretrizes de normalização editorial previstas no *Manual de Editoração da FEB*, sem prejuízo para o conteúdo da obra nem para o estilo do autor espiritual.

Quando se tratar de caso específico que demandar explicação própria, esta virá como nota de rodapé, para facilitar a compreensão textual.

Para a redação de cada nota explicativa, sempre que necessário foram consultados especialistas das áreas afetas ao tema, como historiadores e linguistas.

A FEB reitera, com esse procedimento, seu respeito às fontes originais e ao fenômeno mediúnico de excelência que foi sempre a marca registrada do inesquecível médium Francisco Cândido Xavier.

FEB Editora

Brasília (DF), 2 de setembro de 2022.

Francisco Cândido Xavier

A CAMINHO DA LUZ

História da civilização à luz do Espiritismo

Pelo Espírito Emmanuel

FEB

39ª edição – 1ª impressão – 6,5 mil exemplares – 8/2024

ISBN 978-65-5570-651-2

Esta obra foi revisada com base nos textos das seguintes edições: primeira (1939); terceira (1945); e sexta (1967).

FEDERAÇÃO ESPÍRITA BRASILEIRA – FEB
SGAN 603 – Conjunto F – Avenida L2 Norte
70830-106 – Brasília (DF) – Brasil
www.febeditora.com.br
editorial@febnet.org.br
+55 61 2101 6161

FSC
www.fsc.org
MISTO
Papel | Apoiando o manejo florestal responsável
FSC® C112836

Pedidos de livros à FEB
Comercial
Tel.: (61) 2101 6161 – comercial@febnet.org.br

Adquirindo esta obra, você está colaborando com as ações de assistência e promoção social da FEB e com o Movimento Espírita na divulgação do Evangelho de Jesus à luz do Espiritismo.

Dados Internacionais de Catalogação na Publicação (CIP)
(Federação Espírita Brasileira – Biblioteca de Obras Raras)

E54c Emmanuel (Espírito)

A caminho da luz: história da civilização à luz do espiritismo / pelo Espírito Emmanuel (de 17 de agosto a 21 de setembro de 1938); [psicografado por] Francisco Cândido Xavier. – 39. ed. – 1. imp. – Brasília: FEB, 2024.

200 p.; 23 cm – (Coleção Emmanuel)

Inclui índice geral

ISBN 978-65-5570-651-2

1. Civilização – História – Interpretações espíritas. 2. Espiritismo. 3. Obras psicografadas. I. Xavier, Francisco Cândido, 1910–2002. II. Federação Espírita Brasileira. III. Título. IV. Coleção.

CDD 133.93
CDU 133.7
CDE 90.01.00

SUMÁRIO

ANTELÓQUIO

Meus amigos, que Deus vos conceda paz.

É-me grata a vossa palestra a respeito dos nossos trabalhos. Esperemos e supliquemos a bênção do Alto para o nosso esforço. Dando seguimento aos nossos estudos, procuremos esforçar-nos por mostrar a verdadeira posição do Evangelho do Cristo, tanta vez incompreendido aí no mundo, em face das religiões e das filosofias terrenas.

Não deverá ser este um trabalho histórico. A história do mundo está compilada e feita. Nossa contribuição será à tese religiosa, elucidando a influência sagrada da fé e o ascendente espiritual, no curso de todas as civilizações terrestres. O livro do irmão Humberto[1] foi a revelação da missão coletiva de um país; nosso esforço consistirá, tão somente, em apontamentos à margem da tarefa de grandes missionários do mundo e de povos que já desapareceram, esclarecendo a grandeza e a misericórdia do Divino Mestre. Vamos esperar os dias próximos, quando tentaremos realizar nossos planos humildes de trabalho. Que Deus vos conceda a todos tranquilidade e saúde, e a nós as

[1] XAVIER, Francisco Cândido. *Brasil, coração do mundo, pátria do evangelho.* Brasília: FEB, 2013.

possibilidades necessárias. Muito vos agradeço o concurso de cada um no esforço geral. Trabalhemos na grande colmeia da evolução, sem outra preocupação que não seja a de bem servir Àquele que, das Alturas, sabe de todas as nossas lutas e lágrimas. Confiemos n'Ele. Do seu coração augusto e misericordioso parte a fonte da luz e da vida, da harmonia e da paz para todos os corações. Que Ele vos abençoe.

Emmanuel
(Mensagem recebida em 17/8/1938.)

INTRODUÇÃO

Enquanto as penosas transições do século XX se anunciam ao tinido sinistro das armas, as forças espirituais se reúnem para as grandes reconstruções do porvir.

Aproxima-se o momento em que se efetuará a aferição de todos os valores terrestres para o ressurgimento das energias criadoras de um mundo novo, e natural é que recordemos o ascendente místico de todas as civilizações que surgiram e desapareceram, evocando os grandes períodos evolutivos da Humanidade, com as suas misérias e com os seus esplendores, para afirmar as realidades espirituais acima de todos os fenômenos transitórios da matéria.

Esse esforço de síntese será o da fé reclamando a sua posição em face da ciência dos homens, e ante as religiões da separatividade, como a bússola da verdadeira sabedoria.

Diante dos nossos olhos de espírito passam os fantasmas das civilizações mortas, como se permanecêssemos diante de um *écran* maravilhoso. As almas mudam a indumentária carnal, no curso incessante dos séculos; constroem o edifício milenário da evolução humana com as suas lágrimas e sofrimentos, e até nossos ouvidos chegam os ecos dolorosos de suas aflições. Passam as primeiras organizações do homem e passam as suas grandes cidades, transformadas em ossuários silenciosos. O tempo, como patrimônio divino do espírito, renova as inquietações e angústias de cada século, no sentido de aclarar o caminho das experiências humanas. Passam as raças e as gerações, as línguas e os povos, os países e as fronteiras, as ciências e as religiões. Um sopro divino faz movimentar todas as coisas nesse torvelinho maravilhoso. Estabelece-se, então, a ordem, equilibrando todos os fenômenos e movimentos do edifício planetário, vitalizando os laços eternos que reúnem a sua grande família.

Vê-se, então, o fio inquebrantável que sustenta os séculos das experiências terrestres, reunindo-as, harmoniosamente, umas às outras, a fim de que constituam o tesouro imortal da alma humana, na sua gloriosa ascensão para o Infinito.

As raças são substituídas pelas almas e as gerações constituem fases do seu aprendizado e do seu aproveitamento; as línguas são formas de expressão, caminhando para a expressão única da fraternidade e do amor, e os povos são os membros dispersos de uma grande família trabalhando para o estabelecimento definitivo de sua comunidade universal. Seus filhos mais eminentes, no plano dos valores espirituais, são agraciados pela Justiça Suprema, que legisla no Alto para todos os mundos do Universo, e podem visitar as outras pátrias siderais, regressando ao orbe, no esforço abençoado de missões regeneradoras dentro das igrejas e das academias terrenas.

Na tela mágica dos nossos estudos, destacam-se esses missionários que o mundo muitas vezes crucificou na incompreensão das almas vulgares, mas, em tudo e sobre todos, irradia-se a luz desse fio de espiritualidade que diviniza a matéria, encadeando o trabalho das civilizações, e, mais acima, ofuscando o *écran* das nossas observações e dos nossos estudos, vemos a fonte de extraordinária luz, de onde parte o primeiro ponto geométrico desse fio de vida e de harmonia, que equilibra e satura toda a Terra numa apoteose de movimento e divinas claridades.

Nossos pobres olhos não podem divisar particularidades nesse deslumbramento, mas sabemos que o fio da luz e da vida está nas suas mãos. É Ele quem sustenta todos os elementos ativos e passivos da existência planetária. No seu coração augusto e misericordioso está o Verbo do princípio. Um sopro de sua vontade pode renovar todas as coisas, e um gesto seu pode transformar a fisionomia de todos os horizontes terrestres.

Passaram as gerações de todos os tempos, com as suas inquietações e angústias. As guerras ensanguentaram o roteiro dos povos nas suas peregrinações incessantes para o conhecimento superior. Caíram os tronos dos reis e esfacelaram-se coroas milenárias. Os príncipes do mundo voltaram ao teatro de sua vaidade orgulhosa, no indumento humilde dos escravos, e, em vão, os ditadores conclamaram, e conclamam ainda, os povos da Terra, para o morticínio e para a destruição.

O determinismo do amor e do bem é a Lei de todo o Universo e a alma humana emerge de todas as catástrofes em busca de uma vida melhor.

Só Jesus não passou, na caminhada dolorosa das raças, objetivando a dilaceração de todas as fronteiras para o amplexo universal. Ele é a Luz do Princípio e nas suas mãos misericordiosas repousam os destinos do mundo. Seu coração magnânimo é a fonte da vida para toda a Humanidade terrestre. Sua mensagem de amor, no Evangelho, é a eterna palavra da ressurreição e da justiça, da fraternidade e da misericórdia. Todas as coisas humanas passaram, todas as coisas humanas se modificarão. Ele, porém, é a Luz de todas as vidas terrestres, inacessível ao tempo e à destruição.

Enquanto falamos da missão do século XX, contemplando os ditadores da atualidade, que se arvoram em verdugos das multidões, cumpre-nos voltar os olhos súplices para a Infinita Misericórdia do Senhor, implorando-lhe paz e amor para todos os corações.

1
A GÊNESE PLANETÁRIA

1.1 A comunidade dos Espíritos Puros

Rezam as tradições do Mundo Espiritual que, na direção de todos os fenômenos do nosso sistema, existe uma comunidade de Espíritos Puros e Eleitos pelo Senhor Supremo do Universo, em cujas mãos se conservam as rédeas diretoras da vida de todas as coletividades planetárias.

Essa Comunidade de entidades angélicas e perfeitas, da qual é Jesus um dos membros divinos, ao que nos foi dado saber, apenas já se reuniu, nas proximidades da Terra, para a solução de problemas decisivos da organização e da direção do nosso planeta, por duas vezes, no curso dos milênios conhecidos.

A primeira verificou-se quando o orbe terrestre se desprendia da nebulosa solar, a fim de que se lançassem, no tempo e no espaço, as balizas do nosso sistema cosmogônico e os pródromos da vida na matéria em ignição, do planeta, e a segunda quando se decidia a vinda do Senhor à face da Terra, trazendo à família humana a lição imortal do seu Evangelho de amor e redenção.

1.2 A Ciência de todos os tempos

Não é nosso propósito trazer à consideração dos estudiosos uma nova teoria da formação do mundo. A Ciência de todos os séculos está cheia de apóstolos e missionários. Todos eles foram inspirados ao seu tempo, refletindo a claridade das Alturas, que as experiências do Infinito lhes imprimiram na memória espiritual, e exteriorizando os defeitos e concepções da época em que viveram, na feição humana de sua personalidade.

Na sua condição de operários do progresso universal, foram portadores de revelações gradativas, no domínio dos conhecimentos superiores da Humanidade. Inspirados de Deus, nos penosos esforços da verdadeira civilização, as suas ideias e trabalhos merecem o respeito de todas as gerações da Terra, ainda que as novas expressões evolutivas do plano cultural das sociedades do mundo tenham sido obrigadas a proscrever as suas teorias e antigas fórmulas.

Lembrando-nos, porém, mais detidamente, de quantos souberam receber a intuição da realidade nas suas perquirições do Infinito, busquemos recordar o globo terráqueo nos seus primeiros dias.

1.3 Os primeiros tempos do orbe terrestre

Que força sobre-humana pôde manter o equilíbrio da nebulosa terrestre, destacada do núcleo central do sistema, conferindo-lhe um conjunto de leis matemáticas, dentro das quais iam-se manifestar todos os fenômenos inteligentes e harmônicos de sua vida, nos milênios dos milênios? Distando do Sol quase 149.000.000 de quilômetros e deslocando-se no espaço com a velocidade de 643.000 léguas diárias, em torno do grande astro do dia, imaginemos a sua composição nos primeiros tempos de existência, como planeta.

Laboratório de matérias ignescentes, o conflito das forças telúricas e das energias físico-químicas opera as grandiosas construções do teatro da vida, no imenso cadinho onde a temperatura se eleva, por vezes, a 2.000 graus de calor, como se a matéria colocada num forno incandescente, estivesse sendo submetida aos mais diversos ensaios, para examinar-se a sua qualidade e possibilidades, na edificação da nova escola dos seres. As descargas elétricas, em proporções jamais vistas pela Humanidade, despertam estranhas comoções no grande organismo planetário, cuja formação se processa nas oficinas do Infinito.

1.4 A criação da Lua

Nessa computação de valores cósmicos, em que laboram os operários da Espiritualidade sob a orientação misericordiosa do Cristo, delibera-se a formação do satélite terrestre.

O programa de trabalhos a realizar-se no mundo requeria o concurso da Lua, nos seus mais íntimos detalhes. Ela seria a âncora do equilíbrio terrestre nos movimentos de translação que o globo efetuaria em torno da sede do sistema; o manancial de forças ordenadoras da estabilidade planetária e, sobretudo, o orbe nascente necessitaria da sua luz polarizada, cujo suave magnetismo atuaria decisivamente no drama infinito da criação e da reprodução de todas as espécies, nos variados reinos da Natureza.

1.5 A solidificação da matéria

Na grande oficina surge, então, a diferenciação da matéria ponderável, dando origem ao hidrogênio.

As vastidões atmosféricas são amplo repositório de energias elétricas e de vapores que trabalham as substâncias torturadas no orbe terrestre. O frio dos espaços age, porém, sobre esse laboratório de energias incandescentes, e a condensação dos metais verifica-se com a leve formação da crosta solidificada.

É o primeiro descanso das tumultuosas comoções geológicas do globo. Formam-se os primitivos oceanos, onde a água tépida sofre pressão difícil de descrever-se. A atmosfera está carregada de vapores aquosos e as grandes tempestades varrem, em todas as direções, a superfície do planeta, mas, sobre a Terra, o caos fica dominado, como por encanto. As paisagens aclaram-se, fixando a luz solar que se projeta naquele novo teatro de evolução e vida.

As mãos de Jesus haviam descansado, após o longo período de confusão dos elementos físicos da organização planetária.

1.6 O Divino Escultor

Sim, Ele havia vencido todos os pavores das energias desencadeadas; com as suas legiões de trabalhadores divinos, lançou o escopro da sua misericórdia sobre o bloco de matéria informe, que a Sabedoria do Pai deslocara do Sol para as suas mãos augustas e compassivas. Operou a escultura geológica do orbe terreno, talhando a escola abençoada e grande, na qual o seu coração haveria de expandir-se em amor, claridade e justiça. Com os seus exércitos de trabalhadores devotados, estatuiu os regulamentos dos fenômenos físicos da Terra, organizando-lhes o equilíbrio futuro, na base dos corpos simples de matéria, cuja unidade substancial os espectroscópios terrenos puderam identificar por toda a parte no Universo galáxico. Organizou o cenário da vida, criando, sob as vistas de Deus, o indispensável à existência dos seres do porvir. Fez a pressão atmosférica suportável ao homem, antecipando-se ao seu nascimento no mundo, no curso dos milênios; estabeleceu os grandes centros de força da ionosfera e da estratosfera, onde se harmonizam os fenômenos elétricos da existência planetária, e edificou as usinas de ozone a 40 e 60 quilômetros de altitude, para que filtrassem convenientemente os raios solares, manipulando-lhes a composição precisa à manutenção da vida organizada no orbe. Definiu todas as linhas de progresso da Humanidade futura, engendrando a harmonia de todas as forças físicas que presidem ao ciclo das atividades planetárias.

1.7 O Verbo na criação terrestre

A ciência do mundo não lhe viu as mãos augustas e sábias na intimidade das energias que vitalizam o organismo do globo. Substituíram-lhe a providência com a palavra "Natureza", em todos os seus estudos e análises da existência, mas o seu amor foi o Verbo da criação do princípio, como é e será a coroa gloriosa dos seres terrestres na imortalidade sem-fim. E quando serenaram os elementos do mundo nascente, quando a luz do sol beijava, em silêncio, a beleza melancólica dos continentes e dos mares primitivos, Jesus reuniu nas Alturas os intérpretes divinos do seu pensamento. Viu-se, então, descer sobre a Terra, das amplidões dos espaços ilimitados, uma nuvem de forças cósmicas, que envolveu o imenso laboratório planetário em repouso.

Daí a algum tempo, na crosta solidificada do planeta, como no fundo dos oceanos, podia-se observar a existência de um elemento viscoso que cobria toda a Terra.

Estavam dados os primeiros passos no caminho da vida organizada. Com essa massa gelatinosa, nascia no orbe o protoplasma e, com ele, lançara Jesus à superfície do mundo o germe sagrado dos primeiros homens.

2
A VIDA ORGANIZADA

2.1 As construções celulares

Sob a orientação misericordiosa e sábia do Cristo, laboravam na Terra numerosas assembleias de operários espirituais.

Como a engenharia moderna, que constrói um edifício prevendo os menores requisitos de sua finalidade, os artistas da espiritualidade edificavam o mundo das células iniciando, nos dias primeiros, a construção das formas organizadas e inteligentes dos séculos porvindouros.

O ideal da beleza foi a sua preocupação dos primeiros momentos, no que se referia às edificações celulares das origens.

É por isso que, em todos os tempos, a beleza, junto à ordem, constituiu um dos traços indeléveis de toda a criação.

As formas de todos os reinos da Natureza terrestre foram estudadas e previstas. Os fluidos da vida foram manipulados de modo a se adaptarem às condições físicas do planeta, encenando-se as construções celulares segundo as possibilidades do ambiente terrestre, tudo obedecendo a um plano preestabelecido pela misericordiosa sabedoria do Cristo, consideradas as leis do princípio e do desenvolvimento geral.

2.2 Os primeiros habitantes da Terra

Dizíamos que uma camada de matéria gelatinosa envolvera o orbe terreno em seus mais íntimos contornos. Essa matéria, amorfa e viscosa, era o celeiro sagrado das sementes da vida. O protoplasma foi o embrião de todas as organizações do globo terrestre, e, se essa matéria, sem forma definida, cobria a crosta solidificada do planeta, em breve a condensação da massa dava origem ao surgimento do núcleo, iniciando-se as primeiras manifestações dos seres vivos.

Os primeiros habitantes da Terra, no plano material, são as células albuminoides, as amebas e todas as organizações unicelulares, isoladas e livres, que se multiplicam prodigiosamente na temperatura tépida dos oceanos.

Com o escoar incessante do tempo, esses seres primordiais se movem ao longo das águas, onde encontram o oxigênio necessário ao entretenimento da vida, elemento que a terra firme não possuía ainda em proporções de manter a existência animal, antes das grandes vegetações; esses seres rudimentares somente revelam um sentido – o do tato, que deu origem a todos os outros, em função de aperfeiçoamento dos organismos superiores.

2.3 A elaboração paciente das formas

Decorrido muito tempo, eis que as amebas primitivas se associam para a vida celular em comum, formando-se as colônias de infusórios, de polipeiros, em obediência aos planos da construção definitiva do porvir, emanados do Mundo Espiritual, onde todo o progresso da Terra tem a sua gênese.

Os reinos vegetal e animal parecem confundidos nas profundidades oceânicas. Não existem formas definidas nem expressão individual nessas sociedades de infusórios; mas, desses conjuntos singulares, formam-se ensaios de vida que já apresentam caracteres e rudimentos dos organismos superiores.

Milhares de anos foram precisos aos operários de Jesus, nos serviços da elaboração paciente das formas.

A princípio, coordenam os elementos da nutrição e da conservação da existência. O coração e os brônquios são conquistados e, após eles, formam-se os pródromos celulares do sistema nervoso e dos órgãos da procriação, que se aperfeiçoam, definindo-se nos seres.

2.4 As formas intermediárias da Natureza

A atmosfera está ainda saturada de umidade e vapores, e a terra sólida está coberta de lodo e pântanos inimagináveis.

Todavia, as derradeiras convulsões interiores do orbe localizam os calores centrais do planeta, restringindo a zona das influências telúricas necessárias à manutenção da vida animal.

Esses fenômenos geológicos estabelecem os contornos geográficos do globo, delineando os continentes e fixando a posição dos oceanos, surgindo, desse modo, as grandes extensões de terra firme, aptas a receber as sementes prolíficas da vida.

Os primeiros crustáceos terrestres são um prolongamento dos crustáceos marinhos. Seguindo-lhes as pegadas, aparecem os batráquios, que trocam as águas pelas regiões lodosas e firmes.

Nessa fase evolutiva do planeta, todo o globo se veste de vegetação luxuriante e prodigiosa, de cujas florestas enormes e desmesuradas as minas carboníferas dos tempos modernos são os petrificados vestígios.

2.5 Os ensaios assombrosos

Nessa altura, os artistas da criação inauguram novos períodos evolutivos, no plano das formas.

A Natureza torna-se uma grande oficina de ensaios monstruosos. Após os répteis, surgem os animais horrendos das eras primitivas.

Os trabalhadores do Cristo, como os alquimistas que estudam a combinação das substâncias, na retorta de acuradas observações, analisavam, igualmente, a combinação prodigiosa dos complexos celulares, cuja formação eles próprios haviam delineado, executando, com as suas experiências, uma justa aferição de valores, prevendo todas as possibilidades e necessidades do porvir.

Todas as arestas foram eliminadas. Aplainaram-se dificuldades e realizaram-se novas conquistas. A máquina celular foi aperfeiçoada, no limite do possível, em face das leis físicas do globo. Os tipos adequados à Terra foram realizados em todos os reinos da Natureza, eliminando-se os frutos teratológicos e estranhos, do laboratório de suas perseverantes experiências. A prova da intervenção das forças espirituais, nesse vasto campo de operações é que, enquanto o escorpião, gêmeo dos crustáceos marinhos, conserva até hoje, de modo geral, a sua forma primitiva, os animais monstruosos das épocas remotas, que lhe foram posteriores, desapareceram para sempre da fauna terrestre, guardando os museus do mundo as interessantes reminiscências de suas formas atormentadas.

2.6 Os antepassados do homem

O reino animal experimenta as mais estranhas transições no período terciário, sob as influências do meio e em face dos imperativos da lei de seleção.

Mas o nosso raciocínio ansioso procura os legítimos antepassados das criaturas humanas, nessa imensa vastidão do proscênio da evolução anímica.

Onde está Adão com a sua queda do paraíso? Debalde nossos olhos procuram, aflitos, essas figuras legendárias, com o propósito de localizá-las no espaço e no tempo. Compreendemos, afinal, que Adão e Eva constituem uma lembrança dos espíritos degredados na paisagem obscura da Terra, como Caim e Abel são dois símbolos para a personalidade das criaturas.

Examinada, porém, a questão nos seus prismas reais, vamos encontrar os primeiros antepassados do homem sofrendo os processos de aperfeiçoamento da Natureza. No período terciário a que nos reportamos, sob a orientação das esferas espirituais, notavam-se algumas raças de antropoides, no Plioceno inferior. Esses antropoides, antepassados do homem terrestre, e os ascendentes dos símios que ainda existem no mundo tiveram a sua evolução em pontos convergentes, e daí os parentescos sorológicos entre o organismo do homem moderno e o do chimpanzé da atualidade.

Reportando-nos, todavia, aos eminentes naturalistas dos últimos tempos, que examinaram meticulosamente os transcendentes assuntos do evolucionismo, somos compelidos a esclarecer que não houve propriamente uma *descida da árvore*, no início da evolução humana.

As forças espirituais que dirigem os fenômenos terrestres, sob a orientação do Cristo, estabeleceram, na época da grande maleabilidade dos elementos materiais, uma linhagem definitiva para todas as espécies, dentro das quais o princípio espiritual encontraria o processo de seu acrisolamento, em marcha para a racionalidade.

Os peixes, os répteis, os mamíferos tiveram suas linhagens fixas de desenvolvimento e o homem não escaparia a essa regra geral.

2.7 A grande transição

Os antropoides das cavernas espalharam-se, então, aos grupos, pela superfície do globo, no curso vagaroso dos séculos, sofrendo as influências do meio e formando os pródromos das raças futuras em seus tipos diversificados; a realidade, porém, é que as entidades espirituais auxiliaram o homem do sílex, imprimindo-lhe novas expressões biológicas. Extraordinárias experiências foram realizadas pelos mensageiros do Invisível. As pesquisas recentes da Ciência sobre o tipo de Neanderthal, reconhecendo nele uma espécie de homem bestializado, e outras descobertas interessantes da Paleontologia, quanto ao homem fóssil, são um atestado dos experimentos biológicos a que procederam os prepostos de Jesus, até fixarem no *primata* os característicos aproximados do homem futuro.

Os séculos correram o seu velário de experiências penosas sobre a fronte dessas criaturas de braços alongados e de pêlos densos, até que um dia as hostes do Invisível operaram uma definitiva transição no corpo perispiritual preexistente, dos homens primitivos, nas regiões siderais e em certos intervalos de suas reencarnações.

Surgem os primeiros selvagens de compleição melhorada, tendendo à elegância dos tempos do porvir.

Uma transformação visceral verificara-se na estrutura dos antepassados das raças humanas.

Como poderia operar-se semelhante transição? – perguntará o vosso critério científico.

Muito naturalmente.

Também as crianças têm os defeitos da infância corrigidos pelos pais, que as preparam em face da vida, sem que, na maioridade, elas se lembrem disso.

3
AS RAÇAS ADÂMICAS

3.1 O sistema de Capela

Nos mapas zodiacais, que os astrônomos terrestres compulsam em seus estudos, observa-se desenhada uma grande estrela na constelação do Cocheiro, que recebeu, na Terra, o nome de Cabra ou Capela. Magnífico sol entre os astros que nos são mais vizinhos, ela, na sua trajetória pelo Infinito, faz-se acompanhar, igualmente, da sua família de mundos, cantando as glórias divinas do Ilimitado. A sua luz gasta quase setenta e dois anos para chegar à face da Terra, considerando-se, desse modo, a regular distância existente entre a Capela e o nosso planeta, já que a luz percorre o espaço, com a velocidade aproximada de 77.000 léguas por segundo.

Quase todos os mundos que lhe são dependentes já se purificaram física e moralmente, examinadas as condições de atraso moral da Terra, onde o homem se reconforta com as vísceras dos seus irmãos inferiores, como nas eras pré-históricas de sua existência, marcham uns contra os outros ao som de hinos guerreiros, desconhecendo os mais comezinhos princípios de fraternidade e pouco realizando em favor da extinção do egoísmo, da vaidade, do seu infeliz orgulho.

3.2 Um mundo em transições

Há muitos milênios, um dos orbes da Capela, que guarda muitas afinidades com o globo terrestre, atingira a culminância de um dos seus extraordinários ciclos evolutivos.

As lutas finais de um longo aperfeiçoamento estavam delineadas, como ora acontece convosco, relativamente às transições esperadas no século XX, neste crepúsculo de civilização.

Alguns milhões de espíritos rebeldes lá existiam, no caminho da evolução geral, dificultando a consolidação das penosas conquistas daqueles povos cheios de piedade e de virtudes mas uma ação de saneamento geral os alijaria daquela Humanidade, que fizera jus à concórdia perpétua, para a edificação dos seus elevados trabalhos.

As grandes comunidades espirituais, diretoras do Cosmos, deliberam, então, localizar aquelas entidades, pertinazes no crime, aqui na Terra longínqua, onde aprenderiam a realizar, na dor e nos trabalhos penosos do seu ambiente, as grandes conquistas do coração e impulsionando, simultaneamente, o progresso dos seus irmãos inferiores.

3.3 Espíritos exilados na Terra

Foi assim que Jesus recebeu, à luz do seu Reino de Amor e de Justiça, aquela turba de seres sofredores e infelizes.

Com a sua palavra sábia e compassiva, exortou aquelas almas desventuradas à edificação da consciência pelo cumprimento dos deveres de solidariedade e de amor, no esforço regenerador de si mesmas. Mostrou-lhes os campos imensos de luta que se desdobravam na Terra, envolvendo-as no halo bendito da sua Misericórdia e da sua caridade sem limites. Abençoou-lhes as lágrimas santificadoras, fazendo-lhes sentir os sagrados triunfos do futuro e prometendo-lhes a sua colaboração cotidiana e a sua vinda no porvir.

Aqueles seres desolados e aflitos, que deixavam atrás de si todo um mundo de afetos, não obstante os seus corações empedernidos na prática do mal, seriam degredados na face obscura do planeta terrestre; andariam desprezados na noite dos milênios da saudade e da amargura; reencarna-se-iam no seio das raças ignorantes e primitivas, a lembrarem o paraíso perdido nos firmamentos distantes. Por muitos séculos não veriam a suave luz da Capela, mas trabalhariam na Terra acariciados por Jesus e confortados na sua imensa Misericórdia.

3.4 Fixação dos caracteres raciais

Com o auxílio desses Espíritos degredados, naquelas eras remotíssimas, as falanges do Cristo operavam ainda as últimas experiências sobre os fluidos renovadores da vida, aperfeiçoando os caracteres biológicos das raças humanas. A Natureza ainda era, para os trabalhadores da Espiritualidade, um campo vasto de experiências infinitas; tanto assim que, se as observações do mendelismo fossem transferidas àqueles milênios distantes, não se encontraria nenhuma equação definitiva nos seus estudos de Biologia. A moderna genética não poderia fixar, como hoje, as expressões dos *genes*, porquanto, no laboratório das forças invisíveis, as células ainda sofriam longos processos de acrisolamento, imprimindo-se-lhes elementos de astralidade, consolidando-se-lhes as expressões definitivas, com vistas às organizações do porvir.

Se a gênese do planeta se processara com a cooperação dos milênios, a gênese das raças humanas requeria a contribuição do tempo, até que se abandonasse a penosa e longa tarefa da sua fixação.

3.5 Origem das raças brancas

Aquelas almas aflitas e atormentadas reencarnaram-se, proporcionalmente, nas regiões mais importantes, onde se haviam localizado as tribos e famílias primitivas, descendentes dos *primatas*, a que nos referimos ainda há pouco. Com a sua reencarnação no mundo terreno, estabeleciam-se fatores definitivos na história etnológica dos seres.

Um grande acontecimento se verificara no planeta.

É que, com essas entidades, nasceram no orbe os ascendentes das raças brancas.

Em sua maioria, estabeleceram-se na Ásia, de onde atravessaram o istmo de Suez para a África, na região do Egito, encaminhando-se igualmente para a longínqua Atlântida, de que várias regiões da América guardam assinalados vestígios.

Não obstante as lições recebidas da palavra sábia e mansa do Cristo, os homens brancos olvidaram os seus sagrados compromissos.

Grande percentagem daqueles Espíritos rebeldes, com muitas exceções, só puderam voltar ao país da luz e da verdade depois de muitos séculos de sofrimentos expiatórios; outros, porém, infelizes e retrógrados, permanecem ainda na Terra, nos dias que correm, contrariando a regra geral, em virtude do seu elevado passivo de débitos clamorosos.

3.6 Quatro grandes povos

As raças adâmicas guardavam vaga lembrança da sua situação pregressa, tecendo o hino sagrado das suas reminiscências.

As tradições do paraíso perdido passaram de gerações a gerações, até que ficassem arquivadas nas páginas da *Bíblia*.

Aqueles seres decaídos e degradados, à maneira de suas vidas passadas no mundo distante da Capela, com o transcurso dos anos, reuniram-se em quatro grandes grupos que se fixaram depois nos povos mais antigos, obedecendo às afinidades sentimentais e linguísticas que os associavam na constelação do Cocheiro. Unidos, novamente, na esteira do tempo, formaram desse modo o grupo dos Árias, a civilização do Egito, o povo de Israel e as castas da Índia.

Dos Árias descende a maioria dos povos brancos da família indo-europeia; nessa descendência, porém, é necessário incluir os Latinos, os Celtas e os Gregos, além dos Germanos e dos Eslavos.

As quatro grandes massas de degredados formaram os pródromos de toda a organização das civilizações futuras, introduzindo os mais largos benefícios no seio da raça amarela e da raça negra, que já existiam.

É de grande interesse o estudo de sua movimentação no curso da História. Através dessa análise, é possível examinarem-se os defeitos e virtudes que trouxeram do seu paraíso longínquo, bem como os seus antagonismos e idiossincrasias peculiares a cada qual.

3.7 As promessas do Cristo

Tendo ouvido a palavra do Divino Mestre antes de se estabelecerem no mundo, as raças adâmicas, nos seus grupos isolados, guardaram a reminiscência das promessas do Cristo, que, por sua vez, as fortaleceu no seio das massas, enviando-lhes periodicamente os seus missionários e mensageiros.

Eis por que as epopeias do Evangelho foram previstas e cantadas, alguns milênios antes da vinda do Sublime Emissário.

Os enviados do Infinito falaram, na China milenária, da Celeste Figura do Salvador, muitos séculos antes do advento de Jesus. Os iniciados do Egito esperavam-no com as suas profecias. Na Pérsia [atual Irã], idealizaram a sua trajetória, antevendo-lhe os passos nos caminhos do porvir; na Índia védica, era conhecida quase toda a história evangélica, que o Sol dos milênios futuros iluminaria na região escabrosa da Palestina, e o povo de Israel, durante muitos séculos, cantou-lhe as glórias divinas, na exaltação do amor e da resignação, da piedade e do martírio, através meio da palavra de seus profetas mais eminentes.

Uma secreta intuição clarificava o espírito divinatório das massas populares.

Todos os povos O esperavam em seu seio acolhedor; todos o queriam, localizando em seus caminhos a sua expressão sublime e divinizada. Todavia, apesar de surgir um dia no mundo, como alegria de todos os tristes e providência de todos os infortunados, à sombra do trono de Jessé, o Filho de Deus, em todas as circunstâncias, seria o Verbo de Luz e de Amor do princípio, cuja genealogia se confunde na poeira dos sóis que rolam no Infinito.[2]

---

[2] Nota do autor espiritual: Entre as considerações acima e as do capítulo precedente, devemos ponderar o interstício de muitos séculos. Aliás, no que se refere à historicidade das raças adâmicas, será justo meditarmos atentamente no problema da fixação dos caracteres raciais. Apresentando o meu pensamento humilde, procurei demonstrar as largas experiências que os operários do Invisível levaram a efeito, sobre os complexos celulares, chegando a dizer da impossibilidade de qualquer cogitação mendelista nessa época da evolução planetária. Aos prepostos de Jesus foi necessária grande soma de tempo, no sentido de fixar o tipo humano. Assim, pois, referindo-nos ao degredo dos emigrantes da Capela, devemos esclarecer que, nessa ocasião, já o *primata hominis* se encontrava arregimentado em tribos numerosas. Depois de grandes experiências, foi que as migrações do Pamir se espalharam pelo orbe, obedecendo a sagrados roteiros, delineados nas Alturas. Quanto ao fato de se verificar a reencarnação de Espíritos tão avançados em conhecimentos, em corpos de raças primigênias, não deve causar repugnância ao entendimento. Lembremo-nos de que um metal puro, como o ouro, por exemplo, não se modifica pela circunstância de se apresentar em vaso imundo, ou disforme. Toda oportunidade de realização do bem é sagrada. Quanto ao mais, que fazer com o trabalhador desatento que estraçalha no mal todos os instrumentos perfeitos que lhe são confiados? Seu direito, aos aparelhos mais preciosos, sofrerá solução de continuidade. A educação generosa e justa ordenará a localização de seus esforços em maquinaria imperfeita, até que saiba valorizar as preciosidades em mão. A todo tempo, a máquina deve estar de acordo com as disposições do operário, para que o dever cumprido seja caminho aberto a direitos novos. Entre as raças negra e amarela, bem como entre os grandes agrupamentos primitivos da Lemúria, da Atlântida e de outras regiões que ficaram imprecisas no acervo de conhecimentos dos povos, os exilados da *Capela* trabalharam proficuamente, adquirindo a provisão de amor para suas consciências ressequidas. Como vemos, não houve retrocesso, mas providência justa de administração, segundo os méritos de cada qual, no terreno do trabalho e do sofrimento para a redenção.

4
A CIVILIZAÇÃO EGÍPCIA

4.1 Os Egípcios

Dentre os Espíritos degredados na Terra, os que constituíram a civilização egípcia foram os que mais se destacavam na prática do Bem e no culto da Verdade.

Aliás, importa considerar que eram eles os que menos débitos possuíam perante o tribunal da Justiça Divina. Em razão dos seus elevados patrimônios morais, guardaram no íntimo uma lembrança mais viva das experiências de sua pátria distante. Um único desejo os animava, que era trabalhar devotadamente para regressar, um dia, aos seus penates resplandecentes. Uma saudade torturante do céu foi a base de todas as suas organizações religiosas. Em nenhuma civilização da Terra o culto da morte foi tão altamente desenvolvido. Em todos os corações morava a ansiedade de voltar ao orbe distante, ao qual se sentiam presos pelos mais santos afetos. Foi por esse motivo que, representando uma das mais belas e adiantadas civilizações de todos os tempos, as expressões do antigo Egito desapareceram para sempre do plano tangível do planeta. Depois de perpetuar nas Pirâmides os seus avançados conhecimentos, todos os Espíritos naquela região africana regressaram à pátria sideral.

4.2 A ciência secreta

Em virtude das circunstâncias mencionadas, os egípcios traziam consigo uma ciência que a evolução da época não comportava.

Aqueles grandes mestres da Antiguidade foram, então, compelidos a recolher o acervo de suas tradições e de suas lembranças no ambiente reservado dos templos, mediante os mais terríveis compromissos dos iniciados nos seus mistérios. Os conhecimentos profundos ficaram circunscritos ao círculo dos mais graduados sacerdotes da época, observando-se o máximo cuidado no problema da iniciação.

A própria Grécia, que aí buscou a alma de suas concepções cheias de poesia e de beleza, através da iniciativa dos seus filhos mais eminentes, no passado longínquo, não recebeu toda a verdade das ciências misteriosas. Tanto é assim, que as iniciações no Egito se revestiam de experiências terríveis para o candidato à ciência da vida e da morte – fatos esses que, entre os gregos, eram motivo de festas inesquecíveis.

Os sábios egípcios sabiam perfeitamente a inoportunidade das grandes revelações espirituais naquela fase do progresso terrestre; chegando de um mundo de cujas lutas, na oficina do aperfeiçoamento, haviam guardado as mais vivas recordações, os sacerdotes mais eminentes conheciam o roteiro que a Humanidade terrestre teria de realizar. Aí residem os mistérios iniciáticos e a essencial importância que lhes era atribuída no ambiente dos sábios daquele tempo.

4.3 O politeísmo simbólico

Nos círculos esotéricos, onde pontificava a palavra esclarecida dos grandes mestres de então, sabia-se da existência do Deus Único e Absoluto, Pai de todas as criaturas e Providência de todos os seres, mas os sacerdotes conheciam, igualmente, a função dos Espíritos prepostos de Jesus, na execução de todas as leis físicas e sociais da existência planetária, em virtude das suas experiências pregressas.

Desse ambiente reservado de ensinamentos ocultos, partia, então, a ideia politeísta dos numerosos deuses, que seriam os senhores da Terra e do Céu, do homem e da Natureza.

As massas requeriam esse politeísmo simbólico, nas grandes festividades exteriores da religião.

Os sacerdotes da época já conheciam essa fraqueza das almas jovens, de todos os tempos, satisfazendo-as com as expressões exotéricas de suas lições sublimadas.

Dessa ideia de se homenagear as forças invisíveis que controlam os fenômenos naturais, classificando-as para o espírito das massas, na categoria dos deuses, é que nasceu a mitologia da Grécia, ao perfume das árvores e ao som das flautas dos pastores, em contato permanente com a Natureza.

4.4 O culto da Morte e a metempsicose

Um dos traços essenciais desse grande povo foi a preocupação insistente e constante da morte. A sua vida era apenas um esforço para bem morrer. Seus papiros e frescos estão cheios dos consoladores mistérios do Além-Túmulo.

Era natural.

O grande povo dos faraós guardava a reminiscência do seu doloroso degredo na face obscura do mundo terreno. E tanto lhe doía semelhante humilhação, que, na lembrança do pretérito, criou a teoria da metempsicose, acreditando que a alma de um homem podia regressar ao corpo de um irracional, por determinação punitiva dos deuses. A metempsicose era o fruto da sua amarga impressão, a respeito do exílio penoso que lhe fora infligido no ambiente terrestre.

Inventou-se, desse modo, uma série de rituais e cerimônias para solenizar o regresso dos seus irmãos à Pátria Espiritual.

Os mistérios de Ísis e Osíris mais não eram que símbolos das forças espirituais que presidem aos fenômenos da morte.

4.5 Os Egípcios e as ciências psíquicas

As ciências psíquicas da atualidade eram familiares aos magnos sacerdotes dos templos.

O destino e a comunicação dos mortos e a pluralidade das existências e dos mundos eram, para eles, problemas solucionados e conhecidos. O estudo de suas artes pictóricas positivam a veracidade dessas nossas afirmações. Num grande número de frescos, apresenta-se o homem terrestre acompanhado do seu duplo espiritual. Os papiros nos falam de suas avançadas ciências nesse sentido, e, através deles, podem os egiptólogos modernos reconhecer que os iniciados sabiam da existência do corpo espiritual preexistente, que organiza o mundo das coisas e das formas. Seus conhecimentos, a respeito das energias solares com relação ao magnetismo humano, eram muito superiores aos da atualidade. Desses conhecimentos nasceram os processos de mumificação dos corpos, cujas fórmulas se perderam na indiferença e na inquietação dos outros povos.

Seus reis estavam tocados do mais alto grau de iniciação, enfeixando nas mãos todos os poderes espirituais e todos os conhecimentos sagrados. É por isso que a sua desencarnação provocava a concentração mágica de todas as vontades, no sentido de cercar-lhes o túmulo de veneração e de supremo respeito. Esse amor não se traduzia, apenas, nos atos solenes da mumificação. Também o ambiente dos túmulos era santificado por um estranho magnetismo. Os grandes diretores da raça, que faziam jus a semelhantes consagrações, eram considerados dignos de toda a paz no silêncio da morte.

Nessas saturações magnéticas, que ainda estão a desafiar milênios, residem as razões da tragédia amarga de *Lord* Carnarvon e de alguns dos seus companheiros que penetraram em primeiro lugar na câmara mortuária de Tut Ankh Amon, e ainda por isso é que, muitas vezes, nos tempos que correm, os aviadores ingleses observam o não funcionamento dos aparelhos radiofônicos, quando as suas máquinas de voo atravessam a limitada atmosfera do vale sagrado.

4.6 As Pirâmides

A assistência carinhosa do Cristo não desamparou a marcha desse povo cheio de nobreza moral. Enviou-lhe auxiliares e mensageiros, inspirando-o nas suas realizações, que atravessaram todos os tempos provocando a admiração e o respeito da posteridade de todos os séculos.

Aquelas almas exiladas, que as mais interessantes características espirituais singularizam, conheceram, em tempo, que o seu degredo na Terra atingia o fim. Impulsionados pelas forças do Alto, os círculos iniciáticos sugerem a construção das grandes pirâmides, que ficariam como a sua mensagem eterna para as futuras civilizações do orbe. Esses grandiosos monumentos teriam duas finalidades simultâneas: representariam os mais sagrados templos de estudo e iniciação, ao mesmo tempo que constituiriam, para os pósteros, um livro do passado, com as mais singulares profecias em face das obscuridades do porvir.

Levantaram-se, dessarte, as grandes construções que assombram a engenharia de todos os tempos. Todavia não é o colosso de seis milhões de toneladas de pedra nem o esforço hercúleo do trabalho de sua justaposição o que mais empolga e impressiona a quantos contemplam esses monumentos. As pirâmides revelam os mais extraordinários conhecimentos daquele conjunto de Espíritos estudiosos das verdades da vida. A par desses conhecimentos, encontram-se ali os roteiros futuros da Humanidade terrestre. Cada medida tem a sua expressão simbólica, relativamente ao sistema cosmogônico do planeta e à sua posição no sistema solar. Ali está o meridiano ideal, que atravessa mais continentes e menos oceanos, e através do qual se pode calcular a extensão das terras habitáveis pelo homem, a distância aproximada entre o Sol e a Terra, a longitude percorrida pelo globo terrestre sobre a sua órbita no espaço de um dia, a precessão dos equinócios, bem como muitas outras conquistas científicas que somente agora vêm sendo consolidadas pela moderna astronomia.

4.7 Redenção

Depois dessa edificação extraordinária, os grandes iniciados do Egito voltam ao Plano Espiritual, no curso incessante dos séculos.

Com o seu regresso aos mundos ditosos da Capela, vão desaparecendo os conhecimentos sagrados dos templos tebanos, que, por sua vez, os receberam dos grandes sacerdotes de Mênfis.

Aos mistérios de Ísis e de Osíris, sucedem-se os de Elêusis, naturalmente transformados nas iniciações da Grécia antiga.

Em algumas centenas de anos, reuniram-se de novo, nos Planos Espirituais, os antigos degredados, com a sagrada bênção do Cristo, seu patrono e salvador. A maioria regressa, então, ao sistema da Capela, onde os seus corações se reconfortam nos sagrados reencontros das suas afeições mais santas e mais puras, mas grande número desses Espíritos, estudiosos e abnegados, conservaram-se nas hostes de Jesus, obedecendo a sagrados imperativos do sentimento e, ao seu influxo divino, muitas vezes têm-se reencarnado na Terra, para desempenho de generosas e abençoadas missões.

5
A ÍNDIA

5.1 A organização Hindu

Dos Espíritos degredados no ambiente da Terra, os que se gruparam nas margens do Ganges foram os primeiros a formar os pródromos de uma sociedade organizada, cujos núcleos representariam a grande percentagem de ascendentes das coletividades do porvir.

As organizações hindus são de origem anterior à própria civilização egípcia e antecederam de muito os agrupamentos israelitas, de onde sairiam mais tarde personalidades notáveis, como as de Abraão e Moisés.

As almas exiladas naquela parte do Oriente muito haviam recebido da Misericórdia do Cristo, de cuja palavra de amor e de cuja figura luminosa guardaram as mais comovedoras recordações, traduzidas na beleza dos *Vedas* e dos *Upanishads*. Foram elas as primeiras vozes da filosofia e da religião no mundo terrestre, como provindo de uma raça de profetas, de mestres e iniciados, em cujas tradições iam beber a verdade os homens e os povos do porvir, salientando-se que também as suas escolas de pensamento guardavam os mistérios iniciáticos, com as mais sagradas tradições de respeito.

5.2 Os Arianos puros

Era na Índia de então que se reuniam os Arianos puros, entre os quais cultivavam-se igualmente as lendas de um mundo perdido, no qual o povo Hindu colocava as fontes de sua nobre origem. Alguns acreditavam que se tratasse do antigo continente da Lemúria, arrasado em parte pelas águas dos oceanos Pacífico e Índico, e de cujas terras ainda existem porções remanescentes, como a Austrália.

A realidade, porém, qual já vimos, é que, como os Egípcios, os Hindus eram um dos ramos da massa de proscritos da Capela, exilados no planeta. Deles descendem todos os povos Arianos, que floresceram na Europa e hoje atingem um dos mais agudos períodos de transição na sua marcha evolutiva. O pensamento moderno é o descendente legítimo daquela grande raça de pensadores, que se organizou nas margens do Ganges, desde a aurora dos tempos terrestres, tanto que todas as línguas das raças brancas guardam as mais estreitas afinidades com o sânscrito, originário de sua formação e que constituía uma reminiscência da sua existência pregressa, em outros planos.

5.3 O expansionismo dos Árias

Muitos séculos antes de qualquer prenúncio de civilização terrestre, os Árias espalharam-se pelas planícies hindus, dominando os autóctones, descendentes dos "primatas", que possuíam uma pele escura e deles se distanciavam pelos mais destacados caracteres físicos e psíquicos. Mais tarde, essa onda expansionista procurou localizar-se ao longo das terras da futura Europa, estabelecendo os primeiros fundamentos da civilização ocidental nos bosques da Grécia, nas costas da Itália e da França, bem como do outro lado do Reno, onde iam ensaiar seus primeiros passos as forças da sabedoria germânica.

As balizas da sociedade dos Gregos, dos Latinos, dos Celtas e dos Germanos estavam lançadas.

Cada corrente da raça ariana assimilou os elementos encontrados, edificando-se os primórdios da civilização europeia; cada qual se baseou no princípio da força para o necessário estabelecimento, e, muito cedo, começaram no Velho Mundo os choques de suas famílias e tribos.

5.4 Os mahatmas

Da região sagrada do Ganges partiram todos os elementos irresignados com a situação humilhante que o degredo na Terra lhes infligia. As arriscadas aventuras forneceriam uma noção de vida nova e aqueles seres revoltados supunham encontrar o esquecimento de sua posição nas paisagens renovadas dos caminhos; lá ficaram, apenas, as almas resignadas e crentes nos poderes espirituais que as conduziriam de novo às magnificências dos seus paraísos perdidos e distantes.

Os cânticos dos *Vedas* são bem uma glorificação da fé e da esperança, em face da Majestade Suprema do Senhor do Universo. A faculdade de tolerar, e esperar, aflorou no sentimento coletivo das multidões, que suportaram heroicamente todas as dores e aguardaram o momento sublime da redenção. Os *mahatmas* criaram um ambiente de tamanha grandeza espiritual para o seu povo, que ainda hoje, nenhum estrangeiro visita a terra sagrada da Índia sem de lá trazer as mais profundas impressões acerca de sua atmosfera psíquica. Eles deixaram também, ao mundo, as suas mensagens de amor, de esperança e de estoicismo resignado, salientando-se que quase todos os grandes vultos do passado humano, progenitores do pensamento contemporâneo, deles aprenderam as lições mais sublimes.

5.5 As castas

O povo Hindu, todavia, não obstante o seu elevado grau de desenvolvimento nas ciências do Espírito, não aproveitou de modo geral, como devia, o seu acervo de experiências sagradas.

Seus condutores conheciam as elevadas finalidades da vida. Lembravam-se vagamente das promessas do Senhor, anteriores à sua reencarnação, para os trabalhos do penoso degredo. A prova disso é que eles abraçaram todos os grandes missionários do pretérito, vendo neles os avatares do seu Redentor. Vyasa foi instrumento das lições do Cristo, seis mil anos antes do Evangelho, cuja epopeia, em seus mínimos detalhes, foi prevista pelos iniciados hindus, alguns milênios antes da organização da Palestina. Krishna, Budha e outros grandes enviados de Jesus ao plano material, para exposição de suas verdades salvadoras, foram compreendidos pelo grande povo sobre cuja fronte derramou o Senhor, em todos os tempos, as claridades divinas do seu amor desvelado e compassivo. Mas, como se a questão fosse determinada por um doloroso atavismo psíquico, o povo Hindu, não obstante as suas tradições de Espiritualidade, deixou crescer no coração o espinho do orgulho que, aliás, dera motivo ao seu exílio na Terra.

Em breve, a organização das castas separava as suas coletividades para sempre. Essas castas não se constituíam num sentido apenas hierárquico, mas com a significação de uma superioridade orgulhosa e absoluta. As fortes raízes de uma vaidade poderosa dividem os Espíritos no campo social e religioso. Os filhos legítimos do país dão-se o nome de Árias, designação original de sua raça primitiva, e o seu sistema religioso, de modo geral, chama-se *Ária-Darma*, que eles afirmam trazer de sua longínqua origem, e em cujo seio não existem comunidades especiais ou autoridade centralizadora, senão uma profunda e maravilhosa liberdade de sentimento.

5.6 Os rajás e os párias

Na verdade, esses sistemas avançados de religião e filosofia evocam o fastígio da raça no seu mundo de origem, de onde foi precipitada ao orbe terreno pelo seu orgulho desmedido e infeliz.

Os Arianos da Índia, porém, não se compadeceram das raças atrasadas que encontraram em seu caminho e cuja evolução devia representar para eles um imperativo de trabalho regenerador na face da Terra; os aborígenes foram considerados como os párias da sociedade, de cujos membros não podiam aproximar-se sem graves punições e severos castigos.

Ainda hoje, o Espírito iluminado de Gandhi, que é obrigado a agir na esfera da mais atenciosa psicologia dos seus irmãos de raça, não conseguiu eliminar esses absurdos sociais do seio do grande povo de iniciados e profetas. Os párias são a ralé de todos os seres e são obrigados a dar um sinal de alarme quando passam por qualquer caminho, a fim de que os venturosos se afastem do seu contágio maléfico.

A realidade, contudo, é que os rajás soberanos, ao influxo da misericórdia do Cristo, voltam às mesmas estradas que transitaram sobre o dorso dos elefantes ajaezados de pedrarias, como mendigos desventurados, resgatando o pretérito em avatares de amargas provações expiatórias. Os que humilharam os infortunados, do alto de seus palácios resplandecentes, volvem aos mesmos caminhos, cheios de chagas cancerosas, exibindo a sua miséria e a sua indigência.

E o que é de admirar-se é que nenhum povo da Terra tem mais conhecimentos, acerca da reencarnação, do que o Hindu, ciente dessa verdade sagrada desde os primórdios da sua organização neste mundo.

5.7 Em face de Jesus

Nos bastidores da civilização, somos compelidos a reconhecer que a Índia foi a matriz de todas as filosofias e religiões da Humanidade, inclusive do materialismo, que lá nasceu na escola dos *charvakas*.

Um pensamento de gratidão nos toma o íntimo, examinando a sua grandeza espiritual e as suas belezas misteriosas, mas, acima dos seus yogis e de seus "mahatmas", temos de colocar a figura luminosa d 'Aquele que é a Luz do Mundo, e cuja vinda à Terra se verificaria para trazer a palma da concórdia e da fraternidade, para todos os corações e para todos os povos, arrasando as fronteiras que separam os Espíritos e eliminando os laços ferrenhos das castas sociais, para que o amor das almas substituísse o preconceito de raça no Seu Reinado Sem-fim.

6
A FAMÍLIA INDO-EUROPEIA

6.1 As migrações sucessivas

Se as civilizações hindu e egípcia definiram-se no mundo, em breves séculos, o mesmo não aconteceu com a civilização ariana, que ia iniciar na Europa os seus movimentos evolutivos.

Somente com o escoar de muitos séculos regularizaram-se as suas migrações sucessivas, através dos planaltos da Pérsia. Do Irã procederam quase todas as correntes da raça branca, que representariam mais tarde os troncos genealógicos da família indo-europeia.

Conforme afirmavamos, os arianos que procuravam as novas emoções de uma terra desconhecida eram, na sua maioria, os espíritos revoltados com as condições do seu degredo; pouco afeitos aos misteres religiosos que, pela força das circunstâncias, impunham uma disciplina de resignação e humildade, não cuidaram da conservação do seu tradicionalismo, na ânsia de conquistar um novo paraíso e serenarem, assim, as suas inquietações angustiosas.

6.2 A ausência de notícias históricas

Aí reside a razão do escasso conhecimento dos historiadores acerca dos árias primitivos que lançaram os marcos da civilização europeia.

Caminheiros do desconhecido, erraram pelas planícies e montanhas desertas, não como o povo hebreu, que guardava a palavra divina com a sua fé, mas desarvorados e sem esperança, contando apenas com as próprias forças, em virtude do seu caráter livre e insubmisso.

Suas incursões, entre as tribos selvagens da Europa, datam de mais ou menos dez milênios antes da vinda do Cristo, não obstante a Humanidade localizar-lhes a marcha apenas quatro mil anos antes do grande acontecimento da Judeia. É que, em vista de sua situação psicológica, os primitivos árias do Velho Mundo não deixaram vestígios nos domínios da fé, único caminho daqueles tempos, através do qual poderia uma raça assinalar sua passagem pela Terra. Não guardavam a história verbal de uma religião que não possuíam. Mais revoltados e enrijecidos que todos os demais companheiros exilados no orbe terrestre, suas reminiscências da vida pregressa nos planos mais elevados, qual a que haviam experimentado no sistema da Capela, traduziam-se numa revolta íntima, amargurada e dolorosa, contra as determinações de ordem divina. Apenas muito mais tarde, com a contribuição dos milênios, os Celtas retornaram ao culto divino, venerando as forças da Natureza, junto dos carvalhos sagrados, e os Germanos iniciaram a sua devoção ao fogo, que personificava, a seus olhos, a potência criadora dos seres e das coisas, enquanto outros povos começaram a sacrificar vítimas e objetos aos seus numerosos deuses.

6.3 A grande virtude dos Árias europeus

A Misericórdia do Cristo, porém, jamais deixou de acompanhar esse grande povo no seu atribulado desterro. Ao influxo dos seus emissários, as massas migratórias da Ásia se dividiram em grupos diversos, que penetraram na Europa, desde o Peloponeso até as vastas regiões da Rússia, onde se encontram os antepassados dos Gregos, Latinos, Samnitas, Úmbrios, Gauleses, Citas, Iberos, Romanos, Saxônios, Germanos, Eslavos. Essas tribos assimilaram todos os elementos encontrados em seus caminhos, impulsionando-lhes os passos nas sendas do progresso e do aperfeiçoamento. Enquanto os Semitas e Hindus se perderam na cristalização do orgulho religioso, as famílias arianas da Europa, embora revoltadas e endurecidas, confraternizaram com o selvagem e nisso reside a sua maior virtude. Assimilando os aborígenes, engendraram as premissas de todos os surtos das civilizações futuras. Nessa movimentação para o estabelecimento de novo *habitat*, organizaram as primeiras noções políticas da vida coletiva, elegendo cada tribo um chefe para a direção de sua vida em comum. A agricultura, as indústrias pastoris, com elas encontraram os primeiros impulsos nas estradas incertas dos que descendiam do "primata" europeu. Com as organizações econômicas, oriundas do trato direto com o solo, deixaram perceber a lembrança de suas lutas no antigo mundo que haviam deixado. Bastou que inaugurassem na Terra o senso de propriedade, para que o germe da separatividade e do ciúme, da ambição e do egoísmo lhes destruísse os esforços benfazejos...

As rivalidades entre as tribos, na vida comum, induziram-nas aos primeiros embates fratricidas.

6.4 O Mediterrâneo e o Mar do Norte

Por essa época, novos fenômenos geológicos abalam a vida do globo.

Precisava Jesus estabelecer as linhas definitivas da grande civilização, cujos primórdios se levantavam; e dessas convulsões físicas do orbe surgem renovações que definem o Mediterrâneo e o Mar do Norte, fixando-se os limites da ação daqueles núcleos de operários da evolução coletiva.

O Cristo sabia valorizar a atividade da família indo-europeia, que, se era a mais revoltada contra os desígnios do Alto, era também a única que confraternizava com o selvagem, aperfeiçoando-lhe os caracteres raciais, sem esmorecer na ação construtiva das oficinas do porvir. Através dos milênios, aliviou-lhe os pesares no caminho onusto de lutas e dores tenazes. Assim, enviou-lhe emissários em todas as circunstâncias, atendendo-lhe os secretos apelos do coração, no labor educativo das tribos primitivas do continente. Suavizou-lhe a revolta e a amargura, ajudando a reconstruir o templo da fé, na esteira das gerações. Nos bosques da Armórica, os Celtas antigos levantaram os altares da crença entre as árvores sagradas da Natureza. Doces revelações espirituais caem na alma desse povo místico e operoso, que, muito antes dos saxões, povoou as terras da Grã-Bretanha.

A reencarnação de numerosos auxiliares do Mestre, em seus labores divinos, opera uma nova fase de evolução no seio da família indo-europeia, já caracterizada por expressões raciais as mais diversas. Enquanto os Germanos criam novas modalidades de progresso, o Lácio se ergue na Itália central, entre a Etrúria e a Campânia; a Grécia se povoa de mestres e cantores, e todo o Mediterrâneo oriental evolui com o uso da escrita, adquirido na convizinhança das civilizações mais avançadas.

6.5 Os nórdicos e os mediterrânicos

O fenômeno das trocas e os primeiros impulsos comerciais, todavia, levantam, uma longa série de barreiras entre as relações desses povos. De um lado, estavam os nórdicos e de outro permaneciam os mediterrânicos, em luta acérrima e constante. A rivalidade acende nessas duas facções os fogos da guerra, sob os céus tranquilos do Velho Mundo. Uns e outros empunham as armas primitivas para as lutas de extermínio e destruição das hostes inimigas, e a linha divisória dos litigantes se alonga justamente no local onde hoje se traçam os limites da França e da Alemanha contemporâneas.

É como se explica essa intensidade de aversão racial entre as duas nações, contadas entre as mais progressistas e operosas do planeta. Uma tal situação psicológica entre ambas haveria de tornar-se em fatalidade histórica, oriunda dos atritos entre o Germanismo e a Latinidade, nas épocas primitivas. O que se não justifica, porém, é a perpetuação dessas animosidades no curso do tempo, pelo que se impõe, como imperativo constante, a concentração de todos os pensamentos no objetivo da fraternidade geral.

6.6 Origem do racionalismo

Os arianos da Europa, como ficou esclarecido, não possuíram grandes ascendentes religiosos na sua formação primitiva, em vista do senso prático que os caracterizou nos primeiros tempos de sua organização.

O racionalismo de suas concepções, a tendência para as ciências positivas e o amor pela hegemonia e liberdade são, dessa maneira, elucidados dentro da análise dos seus primórdios. Em matéria de Religião, quase todos os seus passos foram orientados pelos povos semitas e hindus, mas, pelo cultivo da razão, puderam aperfeiçoar a Ciência até as culminâncias das conquistas modernas.

O mundo, se muitas vezes perdeu com as suas inquietações e com as suas lutas renovadoras, muito lhes deve pela colaboração decidida e sincera no labor do pensamento, em todas as épocas e períodos evolutivos.

6.7 As advertências do Cristo

A sua confraternização com os terrícolas primários, encontrados no seu caminho, constitui uma dívida sagrada da Humanidade para com os seus labores planetários.

O Senhor da semeadura e da seara não lhes desconhece essa grande virtude e é por isso que as exortações de toda Natureza são por Ele enviadas do Alto, nos tempos que correm, às nações europeias, a fim de que se preservem do extermínio e da destruição terrestre, arrancando-as do primitivismo para um elevado nível de aperfeiçoamento nos grandes trabalhos construtivos da evolução global; se erraram muito, foram igualmente muito sinceras, porque a sua inquietação era por levantar um novo paraíso para si mesmas e para os homens terrestres, com cujas famílias fraternizaram-se desde o princípio. Faltaram-lhes os valores espirituais de uma perfeita base religiosa, situação essa para a qual concorreram, inegavelmente, na utilização do livre-arbítrio; mas o Cristo, nas dolorosas transições deste século, há de amparar-lhes as expressões mais dignas e mais puras, espiritualmente falando, e, no momento psicológico das grandes transformações, o fruto de suas atividades fecundas há de ser aproveitado, como a semente nova, para a civilização do porvir.

7
O POVO DE ISRAEL

7.1 Israel

Dos Espíritos degredados na Terra, foram os Hebreus que constituíram a raça mais forte e mais homogênea, mantendo inalterados os seus caracteres através de todas as mutações.

Examinando esse povo notável no seu passado longínquo, reconhecemos que, se grande era a sua certeza na existência de Deus, muito grande também era o seu orgulho, dentro de suas concepções da verdade e da vida.

Consciente da superioridade de seus valores, nunca perdeu oportunidade de demonstrar a sua vaidosa aristocracia espiritual, mantendo-se pouco acessível à comunhão perfeita com as demais raças do orbe. Entretanto, em honra da verdade, somos obrigados a reconhecer que Israel, num paradoxo flagrante, antecipando-se às conquistas dos outros povos, ensinou de todos os tempos a fraternidade, a par de uma fé soberana e imorredoura. Sem pátria e sem lar, esse povo heroico tem sabido viver em todos os climas sociais e políticos, exemplificando a solidariedade humana nas melhores tradições de trabalho;

sua existência histórica, contudo, é uma lição dolorosa das consequências nefastas do orgulho e do exclusivismo, para todos os povos do mundo.

7.2 Moisés

As lendas da Torre de Babel não representam um mito nas páginas antigas do Velho Testamento, porque o exílio na Terra não pesou tanto às outras raças degredadas quanto na alma orgulhosa dos judeus, inadaptados e revoltados num mundo que os não compreendia.

Sem procurarmos os seus antepassados, anteriores a Moisés, vamos encontrar o grande legislador hebreu saturando-se de todos os conhecimentos iniciáticos, no Egito antigo, onde o seu espírito recebeu primorosa educação, à sombra do prestígio de Termútis, cuja caridade fraterna o recolhera.

Moisés, na sua qualidade de mensageiro do Divino Mestre, procura então concentrar o seu povo para a grande jornada em busca da Terra da Promissão. Médium extraordinário, realiza grandes feitos ante os seus irmãos e companheiros maravilhados. É quando então recebe, de emissários do Cristo, no Sinai, os dez sagrados mandamentos que, até hoje, representam a base de toda a justiça do mundo.

Antes de abandonar as lutas da Terra, na sagrada visão da Terra prometida, Moisés lega à posteridade as suas tradições no Pentateuco, iniciando a construção da mais elevada ciência religiosa de todos os tempos, para as coletividades porvindouras.

7.3 O Judaísmo e o Cristianismo

Estudando-se a trajetória do povo israelita, verifica-se que o Antigo Testamento é um repositório de conhecimentos secretos, dos iniciados do povo judeu, e que somente os grandes mestres da raça poderiam interpretá-lo fielmente, nas épocas mais remotas.

Eminentes espiritualistas franceses, nestes últimos tempos, procuraram penetrar os seus obscuros segredos e, todavia, aproximando-se da realidade com referência às interpretações, não lhes foi possível solucionar os vastos problemas que as suas expressões oferecem.

Os livros dos profetas israelitas estão saturados de palavras enigmáticas e simbólicas, constituindo um monumento parcialmente decifrado da ciência secreta dos Hebreus. Contudo, e não obstante a sua feição esfingética, é no conjunto um poema de eternas claridades. Seus cânticos de amor e de esperança atravessam as eras com o mesmo sabor indestrutível de crença e de beleza. É por isso que, a par do Evangelho, está o Velho Testamento, tocado de clarões imortais, para a visão espiritual de todos os corações. Uma perfeita conexão reúne as duas leis, que representam duas etapas diferentes do progresso humano. Moisés, com a expressão rude da sua palavra primitiva, recebe do Mundo Espiritual as leis básicas do Sinai, construindo desse modo o grande alicerce do aperfeiçoamento moral do mundo; e Jesus, no Tabor, ensina a Humanidade a desferir, das sombras da Terra, o seu voo divino para as luzes do Céu.

7.4 O monoteísmo

O que mais admira, porém, naquelas tribos nômades e desprotegidas, é a fortaleza espiritual que lhes nutria a fé nos mais arrojados e espinhosos caminhos.

Enquanto a civilização egípcia e os iniciados hindus criavam o politeísmo, para satisfazer os imperativos da época, contemporizando com a versatilidade das multidões, o povo de Israel acreditava somente na existência do Deus Todo-Poderoso, por amor do qual aprendia a sofrer todas as injúrias e a tolerar todos os martírios.

Quarenta anos no deserto representaram para aquele povo como que um curso de consolidação da sua fé, contagiosa e ardente.

Seguiu-lhe Jesus todos os passos, assistindo-o nos mais delicados momentos de sua vida e foi ainda, sob o pálio da sua proteção, que se organizaram os reinos de Israel e de Judá, na Palestina.

Todas as raças da Terra devem aos judeus esse benefício sagrado, que consiste na revelação do Deus Único, Pai de todas as criaturas e Providência de todos os seres.

O grande legislador dos hebreus trouxera a determinação de Jesus, com respeito à simplificação das fórmulas iniciáticas, para compreensão geral do povo; a missão de Moisés foi tornar acessíveis ao sentimento popular as grandes lições que os demais iniciados eram compelidos a ocultar. E, de fato, no seio de todas as grandes figuras da Antiguidade, destaca-se o seu vulto como o primeiro a rasgar a cortina que pesava sobre os mais elevados conhecimentos, filtrando a luz da verdade religiosa para a alma simples e generosa do povo.

7.5 A escolha de Israel

No reino de Israel sucederam-se as tribos e os enviados do Senhor. Todos os seus caminhos no mundo estão cheios de vozes proféticas e consoladoras, acerca d'Aquele que ao mundo viria para ser glorificado como o Cordeiro de Deus.

A cada século renovam-se as profecias e cada templo espera a palavra de ordem dos Céus, através do Salvador do Mundo. Os doutores da Lei, no templo de Jerusalém, confabulam, respeitosos, sobre o Divino Missionário; na sua vaidade orgulhosa esperavam-no no seu carro vitorioso, para proclamar a todas as gentes a superioridade de Israel e operar todos os milagres e prodígios.

E, recordando esses apontamentos da história, somos naturalmente levados a perguntar o porquê da preferência de Jesus pela árvore de *David*, para levar a efeito as suas divinas lições à Humanidade; mas a própria lógica nos faz reconhecer que, de todos os povos de então, sendo Israel o mais crente, era também o mais necessitado, dada a sua vaidade exclusivista e pretensiosa. "Muito se pedirá de quem muito haja recebido", e os israelitas haviam conquistado muito, do Alto, em matéria de fé, sendo justo que se lhes exigisse um grau correspondente de compreensão, em matéria de humildade e de amor.

7.6 A incompreensão do Judaísmo

A verdade, porém, é que Jesus, chegando ao mundo, não foi absolutamente entendido pelo povo judeu. Os sacerdotes não esperavam que o Redentor procurasse a hora mais escura da noite para surgir na paisagem terrestre.

Segundo a sua concepção, o Senhor deveria chegar no carro magnificente de suas glórias divinas, trazido do Céu à Terra pela legião dos seus Tronos e Anjos; deveria humilhar todos os reis do mundo, conferindo a Israel o cetro supremo na direção de todos os povos do planeta; deveria operar todos os prodígios, ofuscando a glória dos Césares. E, no entanto, o Cristo surgira entre os animais humildes da manjedoura; apresentava-se como filho de um carpinteiro e, no cumprimento de sua gloriosa missão de amor e de humildade, protegia as prostitutas, confundia-se com os pobres e com os humilhados, visitava as casas suspeitas para arrancar daí os seus auxiliares e seguidores; seus companheiros prediletos eram os pescadores ignorantes e humildes, dos quais fazia apóstolos bem-amados. Abandonando os templos da Lei, era frequentemente encontrado ao longo do Tiberíades, em cujas margens pregava para os simples a fraternidade e o amor, a sabedoria e a humildade. O Judaísmo, saturado de orgulho, não conseguiu compreender a ação do Celeste Emissário. Apesar da crença fervorosa e sincera, Israel não sabia que toda a salvação tem de começar no íntimo de cada um e, cumprindo as profecias de seus próprios filhos, conduziu aos martírios da cruz o Divino Cordeiro.

7.7 No porvir

As organizações dos doutores da Lei subsistiram no curso incessante dos tempos. Embalde esperaram eles outro Cristo, nestes dois milênios, que ora vertem a termo. A realidade é que um sopro de amargura pesou mais fortemente sobre os destinos da raça, depois da ignominiosa tarde do Calvário. As sombras simbólicas, que caíram sobre o Templo de Jerusalém, acompanharam igualmente o povo escolhido em todas as diretivas, pelas estradas longas do mundo, com amplos reflexos no ambiente contemporâneo.

Israel continua a cultuar o Deus Todo-Poderoso dos seus profetas, seus rituais prosseguem em pontos isolados do orbe inteiro.

É talvez a raça mais livre, mais internacionalista, mais fraternal, entre si, mas também a mais altiva e exclusivista do mundo.

Apesar de não ter uma pátria[3] e não obstante todas as perseguições e clamorosas injustiças experimentadas nas suas jornadas de sofrimento, Israel faz o seu roteiro através das cidades tumultuosas, esperando o Messias da sua redenção e da sua liberdade.

Jesus acompanha-lhe a marcha dolorosa através dos séculos de lutas expiatórias e regeneradoras.

Novos conhecimentos dimanam do Céu para o coração dos seus patriarcas e não tardará muito tempo para que vejamos os judeus compreendendo integralmente a missão sublime do verdadeiro Cristianismo e aliando-se a todos os povos da Terra para a caminhada salvadora, em busca da edificação de um mundo melhor.

---

[3] N.E.: Este livro foi escrito em 1938; e, em 14 de maio de 1948, parte da Palestina tornou-se o Estado de Israel.

8
A CHINA MILENÁRIA

8.1 A China

Depois de nossas divagações a respeito da raça branca, que se constituía dos antigos árias no ambiente da Terra, é cabível examinarmos a árvore mais antiga das civilizações terrestres, a fim de observarmos a assistência carinhosa e constante do Divino Mestre para com todas as criaturas de Deus.

Inegavelmente, o mais prístino foco de todos os surtos evolutivos do globo é a China milenária, com o seu espírito valoroso e resignado, mas sem rumo certo nas estradas da edificação geral.

Quando se verificou a chegada das almas proscritas do sistema da Capela, em épocas remotíssimas, já a existência chinesa contava com uma organização regular, oferecendo os tipos mais homogêneos e mais selecionados do planeta, em face dos remanescentes humanos primitivos. Suas tradições já andavam de geração em geração, construindo as obras do porvir. Daí se infere que, de fato, a história da China remonta a épocas remotíssimas, no seu passado multimilenário, e esse povo, que deixa agora entrever uma certa estagnação nos seus valores evolutivos, sempre foi igualmente acompanhado na sua marcha, por aquela misericórdia infinita que, do Céu, envolve todos os corações que mourejam na Terra.

8.2 A cristalização das ideias chinesas

A cristalização das ideias chinesas advém, simplesmente, desse isolamento voluntário que prejudicou, nas mesmas circunstâncias, o espírito da Índia, apesar da fascinante beleza das suas tradições e dos seus ensinos.

É que a civilização e o progresso, como a própria vida, dependem das trocas incessantes. O Universo, na sua constituição maravilhosa, não criou nem sanciona leis de isolamento na comunidade eterna dos mundos e dos seres. A existência é uma longa escada, na qual todas as almas devem dar-se as mãos, na subida para o conhecimento e para Deus. Enquanto a família indo-europeia errava no desconhecido, assimilando as expressões das tribos encontradas, em longas iniciativas de construção e de trabalho, os arianos da Índia estacionaram no repouso de suas tradições, apresentando-se, no curso do tempo, as mais prestigiosas lições de experiência para a alma dos povos. E agora, quando os israelitas são chamados por forças poderosas ao deslocamento no seio das nações, a fim de aprenderem mais intimamente a doce lição da fraternidade e do amor, renovando a fibra da sua fé a caminho da perfeita compreensão do Cristo, a China é também convocada, pelas transformações do século, à grande lição do entrelaçamento na comunidade planetária, a fim de ensinar as suas virtudes e aprender as virtudes dos outros povos.

Foi pela sua obstinada resistência que a ideia chinesa estagnou-se na marcha do tempo, embora, nestas despretensiosas observações, sejamos dos primeiros a reconhecer a grandeza de suas elevadas expressões espirituais.

8.3 Fo-Hi

Jesus, na sua proteção e na sua misericórdia, desde os tempos mais distantes, enviou missionários àqueles agrupamentos de criaturas que se organizavam, econômica e politicamente, entre as coletividades primárias da Terra.

As raças adâmicas ainda não haviam chegado ao orbe terrestre e entre aqueles povos já se ouviam grandes ensinamentos do Plano Espiritual, de sumo interesse para a direção e solução de todos os problemas da vida.

A História não vos fala de outros, antes do grande Fo-Hi, que foi o compilador de suas ciências religiosas, nos seus trigramas duplos, que passaram do pretérito remotíssimo aos estudos da posteridade.

Fo-Hi refere-se, no seu *Y-King*, aos grandes sábios que o antecederam no penoso caminho das aquisições de conhecimento espiritual. Seus símbolos representam os característicos de uma ciência altamente evoluída, revelando ensinamentos de grande pureza e da mais avançada metafísica.

Em seguida a esse grande missionário do povo chinês, o Divino Mestre envia-lhe a palavra de Confúcio ou Kongtzeu, cinco séculos antes da sua vinda, preparando os caminhos do Evangelho no mundo, tal como procedera com a Grécia, Roma e outros centros adiantados do planeta, enviando-lhes elevados Espíritos da Ciência, da

Religião e da Filosofia, algum tempo antes da sua palavra mirífica, a fim de que a Humanidade estivesse preparada para a aceitação dos seus ensinos.

8.4 Confúcio e Lao-Tsé

Confúcio, na qualidade de missionário do Cristo, teve de saturar-se de todas as tradições chinesas, aceitar as circunstâncias imperiosas do meio, de modo a beneficiar o país na medida de suas possibilidades de compreensão. Ele faz ressurgir os ensinamentos de Lao-Tsé, que fora, por sua vez, um elevado mensageiro do Senhor para as raças amarelas. Suas lições estão cheias do perfume de requintada sabedoria moral. No *Kan-Ing*, de Lao-Tsé, eis algumas de suas afirmações que nada ficam a dever aos vossos conhecimentos e exposições do moderno pensamento religioso: – "O Senhor dos Céus é bom e generoso, e o homem sábio é um pouco de suas manifestações. Na estrada da inspiração, eles caminham juntos e o sábio recebe as ideias dele, que enchem a vida de alegria e de bens".

Lao-Tsé, de cujos ensinamentos Confúcio fez questão de formar a base dos seus princípios, viveu seis séculos antes do advento do Senhor, e, em face dessa filosofia religiosa, avançada e superior, somos obrigados a reconhecer a prodigalidade da misericórdia de Jesus, enviando os seus porta-vozes a todos os pontos da Terra, com o objetivo de fazer desabrochar na alma das massas a melhor compreensão do seu Evangelho de verdade e de amor, que o mundo, entretanto, ainda não compreendeu, não obstante todos os seus sacrifícios.

8.5 O Nirvana

Para fundamentarmos devidamente a nossa opinião relativa à estagnação do espírito chinês, examinemos ainda as suas interessantes e elevadas concepções religiosas.

De um modo geral, é o culto dos antepassados o princípio da sua fé. Esse culto, cotidiano e perseverante, é a base da sua crença na imortalidade, porquanto, de suas manifestações ressaltam as provas diárias da sobrevivência. As relações com o Plano Invisível constituem um fenômeno comum, associado à existência do indivíduo mais obscuro. A ideia da necessidade de aperfeiçoamento espiritual é latente em todos os corações, mas o desvio inerente à compreensão do Nirvana é aí, como em numerosas correntes do Budismo, um obstáculo ao progresso geral.

O Nirvana, examinado em suas expressões mais profundas, deve ser considerado como a união permanente da alma com Deus, finalidade de todos os caminhos evolutivos; nunca, porém, como sinônimo de imperturbável quietude ou beatífica realização do *não ser*. A vida é a harmonia dos movimentos, resultante das trocas incessantes no seio da Natureza visível e invisível. Sua manutenção depende da atividade de todos os mundos e de todos os seres. Cada individualidade, na prova, como na redenção, no esforço terreno como na glória divina, tem uma função definida de trabalho e de elevação dos seus valores próprios. Os que aprenderam os bens da vida e aqueles que os ensinam com amor multiplicam na Terra e nos Céus os dons infinitos de Deus.

8.6 A China atual

A falsa interpretação do Nirvana atormentou as elevadas possibilidades criadoras do espírito chinês, cristalizou-lhe as concepções e paralisou-lhe a marcha para as grandes conquistas.

É certo que essas conquistas não consistem nas metralhadoras e nas bombardas da civilização do Ocidente, cheia de comodidades multifárias, mas aqui me refiro à incompreensão geral acerca da lição sublime do Cristo e dos seus enviados.

A China, como os outros povos do mundo, tem de esmar neste século os valores obtidos na sua caminhada longa e penosa.

Destas palavras, não acreditemos que a invasão japonesa, na sua incrível agressividade, esteja tocada de uma sanção divina. O Japão poderá realizar, na grande república, todas as conquistas materiais; usando a psicologia dos conquistadores, poderá melhorar as condições sanitárias do povo, rasgar estradas e multiplicar escolas; mas não amortecerá a energia perseverante do espírito chinês, valoroso e resignado, que poderá até ceder-lhe as próprias rédeas do governo, enchendo-o de fortuna, de suntuosidade e de honrarias, sem desprestígio do seu próprio valor, porquanto a China milenária sabe que os espíritos de rapina embriagam-se facilmente com o vinho de sangue do triunfo, e tão logo o luxo lhes amoleça as fibras da desesperação, todas as vitórias voltam, automaticamente, à reflexão, ao raciocínio, à cultura e à inteligência.

O que se faz necessário examinar é o estado de estagnação da alma chinesa nestes últimos séculos, para concluirmos pela sua necessidade imperiosa de comungar no banquete de fraternidade dos outros povos.

8.7 A edificação do Evangelho

É verdade que a palavra direta do Cristo, consubstanciada no seu Evangelho, ainda não chegou até lá de um modo geral, aclarando o caminho de todos os corações, mas um sopro de vida romperá as sombras milenárias que caíram sobre a república chinesa, onde milhões de almas repousam, indevidamente, na falsa compreensão do Nirvana e do Absoluto. Mãos valorosas erguerão o monumento evangélico naquele mundo de dolorosas antiguidades, e um novo dia raiará para a grande nação que se tornou um símbolo de paciência e de perseverança para os outros povos.

Esperemos a providência d'Aquele que guarda em suas mãos augustas e misericordiosas a direção do mundo.

"Bem-aventurados os pacíficos, os aflitos, os humildes...".

E as suas palavras mansas e carinhosas nos fazem lembrar a China milenária, que, amando a paz, sofre agora o insulto das forças tenebrosas da ambição, da injustiça e da iniquidade.

9
AS GRANDES RELIGIÕES DO PASSADO

9.1 As primeiras organizações religiosas

As primeiras organizações religiosas da Terra tiveram, naturalmente, sua origem entre os povos primitivos do Oriente, aos quais enviava Jesus, periodicamente, os seus mensageiros e missionários.

Dada a ausência da escrita, naquelas épocas longínquas, todas as tradições se transmitiam de geração a geração através do mecanismo das palavras. Todavia, com a cooperação dos degredados do sistema da Capela, os rudimentos das artes gráficas receberam os primeiros impulsos, começando a florescer uma nova era de conhecimento espiritual, no campo das concepções religiosas.

Os *Vedas*, que contam mais de seis mil anos, já nos falam da sabedoria dos *Sastras*, ou grandes mestres das ciências hindus, que os antecederam de mais ou menos dois milênios, nas margens dos rios sagrados da Índia. Vê-se, pois, que a ideia religiosa nasceu com a própria

Humanidade, constituindo o alicerce de todos os seus esforços e realizações no plano terráqueo.

9.2 Ainda as raças adâmicas

Não podemos, porém, esquecer que Jesus reunira nos espaços infinitos os seres proscritos que se exilaram na Terra, antes de sua reencarnação geral nas vizinhanças dos planaltos do Irã e do Pamir.

Obedecendo às determinações superiores do Mundo Espiritual, eles nunca puderam esquecer a palavra salvadora do Messias e as suas divinas promessas. As belezas do espaço, aliadas à paisagem mirífica do plano que foram obrigados a abandonar, viviam no cerne das suas recordações mais queridas. As exortações confortadoras do Cristo, nas vésperas de sua dolorosa imersão nos fluidos pesados do planeta terrestre, cantavam-lhes no íntimo os mais formosos hosanas de alegria e de esperança. Era por isso que aquelas civilizações antigas possuíam mais fé, colocando a intuição divina acima da razão puramente humana. A crença, como íntima e sagrada aquisição de suas almas, era a força motora de todas as realizações, e todos os degredados, com os mais santos entusiasmos do coração, falaram d'Ele e da sua Infinita Misericórdia. Suas vozes enchem todo o âmbito das civilizações que passaram no pentagrama dos séculos sem-fim e, apresentado com mil nomes, segundo as mais variadas épocas, o Cordeiro de Deus foi guardado pela compreensão e pela memória do mundo, com todas as suas expressões divinas ou, aliás, como a própria face de Deus, segundo as modalidades dos mistérios religiosos.

9.3 A gênese das crenças religiosas

A gênese de todas as religiões da Humanidade tem suas origens no seu coração augusto e misericordioso. Não queremos, com as nossas exposições, divinizar, dogmaticamente, a figura luminosa do Cristo, e sim esclarecer a sua gloriosa ascendência na direção do orbe terrestre, considerada a circunstância de que cada mundo, como cada família, tem seu chefe supremo, ante a justiça e a sabedoria do Criador.

Fora erro crasso julgar como bárbaros e pagãos os povos terrestres que ainda não conhecem diretamente as lições sublimes do seu Evangelho de redenção, porquanto a sua desvelada assistência acompanhou, como acompanha a todo tempo, a evolução das criaturas em todas as latitudes do orbe. A história da China, da Pérsia, do Egito, da Índia, dos árabes, dos israelitas, dos celtas, dos gregos e dos romanos está clarificada pela luz dos seus poderosos emissários. E muitos deles tão bem se houveram, no cumprimento dos seus grandes e abençoados deveres, que foram havidos como sendo Ele próprio, em reencarnações sucessivas e periódicas do seu divinizado amor. No *Manava-Darma*, encontramos a lição do Cristo; na China encontramos Fo-Hi, Lao-Tsé, Confúcio; nas crenças do Thibet, está a personalidade de Budha e no Pentateuco encontramos Moisés; no *Alcorão* vemos *Maomet.* Cada raça recebeu os seus instrutores, como se fosse Ele mesmo, chegando das resplandecências de sua glória divina.

Todas elas, conhecendo intuitivamente a palavra das profecias, arquivaram a história dos seus enviados, nos moldes de sua vinda futura, em virtude das lembranças latentes que guardavam no coração, acerca da sua palavra nos espaços, tocada de esclarecimento e de amor.

9.4 A unidade substancial das religiões

A verdade é que todos os livros e tradições religiosas da Antiguidade guardam, entre si, a mais estreita unidade substancial. As revelações evolucionam numa esfera gradativa de conhecimento. Todas se referem ao Deus impersonificável, que é a essência da vida de todo o Universo, e no tradicionalismo de todas palpita a visão sublimada do Cristo, esperado em todos os pontos do globo.

Os vários povos do mundo traziam de longe as suas concepções e as suas esperanças, sem falarmos das grandes coletividades que floresciam na América do Sul, então quase ligada à China pelas extensões da Lemúria, e da América do Norte, que se ligava à Atlântida. Não é, porém, nosso propósito estudar aqui outras questões que se não refiram à superioridade do Cristo e à ascendência do seu Evangelho, nestes apontamentos despretensiosos. Citando, porém, todos os povos antigos do planeta, somos compelidos a recordar, igualmente, as grandes civilizações pré-históricas, que desabrocharam e desapareceram no continente americano, de cujos cataclismos e arrasamentos ficaram ainda as expressões interessantes dos Incas e dos Astecas, que, como todos os outros agrupamentos do mundo, receberam a palavra indireta do Senhor, na sua marcha coletiva através de augustos caminhos.

9.5 As revelações gradativas

Até a palavra simples e pura do Cristo, a Humanidade terrestre viveu etapas gradativas de conhecimento e de possibilidades, na senda das revelações espirituais.

Os milênios, com as suas experiências consecutivas e dolorosas, prepararam os caminhos d'Aquele que vinha, não somente com a sua palavra, mas, principalmente, com a sua exemplificação salvadora. Cada emissário trouxe uma das modalidades da grande lição de que foi teatro a região humilde da Galileia.

É por esse motivo que numerosas coletividades asiáticas não conhecem a lição direta do Mestre, mas sabem do conteúdo da sua palavra, em virtude das próprias revelações do seu ambiente, e, se a Boa-Nova não se dilatou no curso dos tempos, pelas estradas dos povos, é que os pretensos missionários do Cristo, nos séculos posteriores aos seus ensinos, não souberam cultivar a flor da vida e da verdade, do amor e da esperança, que os seus exemplos haviam implantado no mundo: – abafando-a nos templos de uma falsa religiosidade, ou encarcerando-a no silêncio dos claustros, a planta maravilhosa do Evangelho foi sacrificada no seu desenvolvimento e contrariada nos seus mais lídimos objetivos.

9.6 Preparação do Cristianismo

As lições da Palestina foram, desse modo, precedidas de laboriosa e longa preparação, na intimidade dos milênios.

Os sacerdotes de todas as grandes religiões do passado supuseram, nos seus mestres e nos seus mais altos iniciados, a personalidade do Senhor, mas temos de convir que Jesus foi inconfundível.

À luz significativa da História, observamos muitas vezes, nos seus auxiliares ou instrumentos humanos, os característicos das vulgaridades terrestres. Alguns deles foram ditadores de consciências, enérgicos e ferozes no sentido de manter e fomentar a fé; outros, traídos em suas forças e desprezando os compromissos sagrados para com o Salvador, longe de serem instrumentos do Divino Mestre, abusaram da própria liberdade, dando ouvidos às forças subversivas da treva, prejudicando a harmonia geral.

9.7 O Cristo inconfundível

Mas Jesus assinala a sua passagem pela Terra com o selo constante da mais augusta caridade e do mais abnegado amor. Suas parábolas e advertências estão impregnadas do perfume das verdades eternas e gloriosas. A manjedoura e o calvário são lições maravilhosas, cujas claridades iluminam os caminhos milenários da Humanidade inteira, e sobretudo os seus exemplos e atos constituem um roteiro de todas as grandiosas finalidades, no aperfeiçoamento da vida terrestre. Com esses elementos, fez uma revolução espiritual que permanece no globo há dois milênios. Respeitando as leis do mundo com vistas à efígie de César, ensinou as criaturas humanas a se elevarem para Deus, na dilatada compreensão das mais santas verdades da vida. Remodelou todos os conceitos da vida social, exemplificando a mais pura fraternidade. Cumprindo a Lei Antiga, encheu-lhe o organismo de tolerância, de piedade e de amor, com as suas lições da praça pública, frente às criaturas desregradas e infelizes, e somente Ele ensinou o "Amai-vos uns aos outros", vivendo a situação de quem sabia cumpri-lo.

Os Espíritos incapacitados de o compreender podem alegar que as suas fórmulas verbais eram antigas e conhecidas; mas ninguém poderá contestar que a sua exemplificação foi única, até agora, na face da Terra.

A maioria dos missionários religiosos da Antiguidade se compunha de príncipes, de sábios ou de grandes iniciados, que saíam da intimidade confortável dos palácios e dos templos; mas o Senhor da semeadura e da seara era a personificação de toda a sabedoria, de todo o amor, e o seu único palácio era a tenda humilde de um carpinteiro, onde fazia questão de ensinar à posteridade que a verdadeira aristocracia deve ser a do trabalho, lançando a fórmula sagrada, definida pelo pensamento moderno, como o coletivismo das mãos, aliado ao individualismo dos corações – síntese social para a qual caminham as coletividades dos tempos que passam – e que, desprezando todas as convenções e honrarias terrestres, preferiu não possuir uma pedra onde repousasse o pensamento dolorido, a fim de que aprendessem os seus irmãos a lição inesquecível do *Caminho, da Verdade e da Vida*.

10
A GRÉCIA E A MISSÃO DE SÓCRATES

10.1 Nas vésperas da maioridade terrestre

Examinando a maioridade espiritual das criaturas humanas, enviou-lhes o Cristo, antes de sua vinda ao mundo, numerosa coorte de Espíritos sábios e benevolentes, aptos a consolidar, de modo definitivo, essa maturação do pensamento terrestre.

As cidades populosas do globo enchem-se, então, de homens cultos e generosos, de filósofos e de artistas, que renovam, para melhor, todas as tendências da Humanidade.

Grandes mestres do cérebro e do coração formam escolas numerosas na Grécia, que assumia a direção intelectual do orbe inteiro. A maioria desses pensadores, que eram os enviados do Cristo às coletividades terrestres, trazem, do círculo retraído e isolado dos templos, os ensinamentos dos grandes iniciados para as praças públicas, pregando a verdade às multidões.

Assim como a organização do homem físico exigira as mais amplas experiências da Natureza, antes de se fixarem os seus caracteres biológicos definitivos, a lição de Jesus, que representa o roteiro seguro para a edificação do homem espiritual, deveria ser precedida pelas experiências mais vastas no campo social.

É por essa razão que observamos, nos cinco séculos anteriores à vinda do Cordeiro, uma aglomeração de inúmeras escolas políticas, religiosas e filosóficas dos mais diversos matizes, em todos os ambientes do mundo.

10.2 Atenas e Esparta

Muitas teorias científicas, que provocam o sensacionalismo dos vossos dias como inovações ultramodernas, foram conhecidas da Grécia, em cujos mestres têm os seus legítimos fundamentos.

Em matéria de doutrinas sociais, grandes experimentos foram realizados, divulgando-se a mais farta colheita de ensinamentos; e quando meditamos no conflito moderno entre os Estados totalitários, fascistas ou comunistas e as repúblicas democráticas, devemos volver os olhos ao passado, revendo Atenas e Esparta como dois símbolos políticos que nos fazem pensar na plena atualidade da Grécia antiga.

Os espartanos, sob o regime atribuído a Licurgo, nome que constitui apenas uma representação simbólica dos generais da época, vivendo a existência absoluta do Estado, não expressaram a mesma fisionomia da Alemanha e da Rússia atuais? A legislação de Esparta proibia o comércio, condenava a cultura; cerceando o gosto pessoal em face das bagatelas encantadoras da vida e do sentimento, decretou medidas de isolamento, maltratando os estrangeiros;

instituiu a uniformidade dos vestuários, incumbiu-se da educação das crianças através dos órgãos do Estado, mas não cultivava a parte intelectual, abalando todo o edifício sagrado da família e criando, muitas vezes, o regime do roubo e da delação, em detrimento das mais nobres finalidades da vida.

Por essa razão, Esparta passou à história como um simples povo de soldados espalhando a destruição e os flagelos da guerra, sem nenhuma significação construtiva para a Humanidade.

Atenas, ao contrário, é o berço da verdadeira democracia. Povo que amou profundamente a liberdade, sua dedicação à cultura e às artes iniciou as outras nações no culto da vida, da criação e da beleza. Seus legisladores, que, como Sólon, eram filósofos e poetas, reformaram todos os sistemas sociais conhecidos até então, protegendo as classes pobres e desvalidas, estabelecendo uma linha harmônica entre todos os departamentos da sociedade, acolhendo os estrangeiros, protegendo o trabalho, fomentando o comércio, as indústrias, a agricultura.

Lá começou o verdadeiro regime de consulta à vontade do povo, que decidia, em assembleias numerosas, todos os problemas da cidade venerável. E é bem fácil reconhecer aí o início das democracias modernas, que agora se organizam, nas transições do século XX, para a repressão de todas as doutrinas nefastas da força e da violência.

10.3 Experiências necessárias

Semelhantes experiências, no campo sociológico, foram incentivadas e acompanhadas de perto pelos prepostos de Jesus, respeitadas as grandes leis da liberdade individual e coletiva.

O mundo precisava conhecer a boa e a má semente, nas grandes transformações da sua existência. A exemplificação do Cristo necessitava de uma elevada compreensão no seio da cultura e da experiência de todos os séculos transcorridos e, embora as lutas renovadoras que a antecederam no orbe, há dois milênios que o Evangelho do Mestre espera a floração do perfeito entendimento dos homens.

10.4 A Grécia

Ao influxo do coração misericordioso do Cristo, toda a Grécia se povoa de artistas e pensadores eminentes, no quadro das filosofias e das ciências. Aí vamos encontrar as escolas itálica e eleática, à frente do fervoroso idealismo de Pitágoras e Xenófanes, sem esquecermos, igualmente, as escolas jônica e atomística, com Tales e Demócrito, nas expressões do mais avançado materialismo.

O século de Péricles, chegando a um apogeu de beleza e de cultura com os elevados princípios recebidos da civilização egípcia, espalha os mais soberbos clarões espirituais nos horizontes da Terra. Poucas fases da evolução europeia se aproximaram desse século maravilhoso.

O Salvador contempla, das Alturas, essa época de elevadas conquistas morais, cheio de amor e de esperança. O planeta terrestre aproximava-se da sua maioridade espiritual quando, então, poderia Ele nutrir o coração humano com a sementeira bendita da sua palavra. Envia, então, às sociedades do globo o esforço de auxiliares valorosos, nas figuras de Ésquilo, Eurípedes, Heródoto e Tucídides, e por fim a extraordinária personalidade de Sócrates, no intuito de realizar o coroamento do esforço decidido de tantos mensageiros.

10.5 Sócrates

É por isso que, de todas as grandes figuras daqueles tempos longínquos, somos compelidos a destacar a grandiosa figura de Sócrates, na Atenas antiga.

Superior a Anaxágoras, seu mestre, como também imperfeitamente interpretado pelos seus três discípulos mais famosos, o grande filósofo está aureolado pelas mais divinas claridades espirituais, no curso de todos os séculos planetários. Sua existência, em algumas circunstâncias, aproxima-se da exemplificação do próprio Cristo. Sua palavra confunde todos os Espíritos mesquinhos da época e faz desabrochar florações novas de sentimento e cultura na alma sedenta da mocidade. Nas praças públicas, ensina à infância e à juventude o formoso ideal da fraternidade e da prática do bem, lançando as sementes generosas da solidariedade dos pósteros.

Mas Atenas, como cérebro do mundo de então, apesar do seu vasto progresso, não consegue suportar a lição avançada do grande mensageiro de Jesus.

Sócrates é acusado de perverter os jovens atenienses, instilando-lhes o veneno da liberdade nos corações.

Preso e humilhado, seu espírito generoso não se acovarda diante das provas rudes que lhe extravasam do cálice de amarguras. Consciente de sua missão, recusa-se a fugir do próprio cárcere, cujas portas se lhe abrem às ocultas, pela generosidade de alguns juízes.

Os enviados do Plano Invisível cercam-lhe o coração magnânimo e esclarecido, nas horas mais ásperas e agudas da provação; e quando Xantipa, sua esposa, vem às grades da prisão, comunicar-lhe a nefanda condenação à morte pela cicuta, ei-la que exclama no auge da angústia e desesperação:

– Sócrates, Sócrates, os juízes te condenaram à morte...

– Que tem isso? – responde resignadamente o filósofo – Eles também estão condenados pela Natureza.

– Mas essa condenação é injusta... – soluça ainda a desolada esposa.

E ele a esclarece com um olhar de paciência e de carinho:

– E quererias que ela fosse justa?

Senhor do seu valoroso e resignado heroísmo, Sócrates abandona a Terra, alçando-se de novo aos páramos constelados, onde o aguardava a bênção de Jesus.

10.6 Os discípulos

O grande filósofo que ensinara à Grécia as mais belas virtudes, como precursor dos princípios cristãos, deixou vários discípulos, dos quais se destacaram Antístenes, Xenofonte e Platão. Falaremos, apenas, deste último, para esclarecer que nenhum deles soube assimilar perfeitamente a estrutura moral do mestre inesquecível. A História louva os discursos de Platão, mas nem sempre compreendeu que ele misturou a filosofia pura do mestre com a ganga das paixões terrestres, enveredando algumas vezes por complicados caminhos políticos. Não soube, como também muitos dos seus companheiros, conservar-se ao nível de alta superioridade espiritual, chegando mesmo a justificar o direito tirânico dos senhores sobre os escravos, sem uma visão ampla da fraternidade humana e da família universal.

Contudo, não deixou de cultivar alguns dos princípios cristãos legados pelo grande mentor, antecipando-se ao apostolado do Evangelho, antes de entregar a sua tarefa doutrinária a Aristóteles, que ia também trabalhar pelo advento do Cristianismo.

10.7 Provação coletiva da Grécia

A condenação de Sócrates foi uma dessas causas transcendentes de dolorosas e amargas provações coletivas, para todos os espíritos que participaram dela, na medida justa das responsabilidades pessoais entre si.

E é em razão disso que, mais tarde, vemos o povo nobre e culto de Atenas fornecendo escravos valorosos e sábios aos espíritos agressivos e enérgicos de Roma. Eles iam nas galeras suntuosas, humilhados e oprimidos, sem embargo das suas elevadas noções da vida, do amor, da liberdade e da justiça.

É verdade que iam instaurar um novo período de progresso espiritual para as coletividades romanas, com os seus luminosos ensinamentos, mas o processo evolutivo poderia ladear outros caminhos, longe do morticínio e da escravidão. Todavia, sobre a fronte de muitos gregos ilustres, pairava o sanguinolento labéu daquela injusta condenação, labéu ignominioso que a Grécia deveria lavar com as lágrimas dolorosas da compunção e do cativeiro.

11
ROMA

11.1 O povo etrusco

Reconhecendo as dedicações ao trabalho, por parte de todos os Espíritos que se haviam localizado na Itália primitiva, então dividida em duas partes importantes, que eram a Gália Cisalpina e a Magna Grécia, ao norte e ao sul da península, os prepostos e auxiliares de Jesus projetam a fundação de Roma, que se ergueu rapidamente, coroada de lendas numerosas, para desempenhar tão grande papel na evolução do Mundo.

A esse tempo, o Vale do Pó era habitado pelos Etruscos, que se viam humilhados pelas constantes invasões dos Gauleses. De todos os elementos que formaram os ascendentes da Itália moderna, eram eles dos mais esforçados, operosos e inteligentes. Nas regiões da Toscana, possuíam largas indústrias de metais, marinha notável, destacado progresso no amanho da terra e, sobretudo, sentimentos evolvidos que os faziam diferentes das coletividades mais próximas. Acreditavam na sobrevivência e ofereciam sacrifícios às almas dos mortos, venerando os deuses cujas disposições, em cada dia, presumiam conhecer através dos fenômenos comuns da Natureza. Atormentados e desgostosos em face das lutas reiteradas com os Gauleses, os Etruscos decidiram tentar vida nova e, guiados indiretamente pelos mensageiros do Invisível, grande parte resolveu fixar-se na Roma do porvir, que, então, nada mais era que um agrupamento de cabanas humildes e desprotegidas.

11.2 Primórdios de Roma

Defendida naturalmente pelo adensamento constante de população, a cidade mergulhou as suas origens numa corrente profunda de histórias interessantes e maravilhosas, onde as figuras de Enéas, de Rhea Sílvia, de Rômulo e Remo tomaram papel saliente e singularíssimo.

A verdade, porém, é que os Etruscos, em grande maioria, edificaram as primeiras organizações da cidade, fundando escolas de trabalho, transportando para aí as experiências mais notáveis dos outros povos, criando uma nova terra com o seu esforço enérgico e decidido. Lá encontraram eles as tribos latinas Ramnenses, Titienses e Luceres, congregadas para a edificação comum e das quais assumiram a direção por largos anos, construindo os alicerces das realizações do futuro.

Quando Rômulo chegou, seus olhos já contemplaram uma cidade próspera e trabalhadora, onde fez valer a sua enérgica inteligência, mas não faltou à posteridade o gosto de tecer-lhe uma coroa lendária e fantasiosa, chegando-se a afirmar que a sua figura fora arrebatada no carro dos deuses, com destino ao Céu.

11.3 Influências decisivas

Desnecessária será a autópsia da História, nos seus pontos mais divulgados e conhecidos, quando o nosso único propósito é esclarecer o entendimento do leitor, quanto à direção do planeta, que se conserva, de fato, no Mundo Espiritual, de onde o Cristo vela incessantemente pelo orbe e pelos seus destinos. Todavia, para fundamentar nossa asserção acerca das influências etruscas nos primórdios de Roma, somos levados a recordar a figura de Tarquínio Prisco, filho da Etrúria, que trouxe à cidade grandes reformas e inúmeras inovações em todos os departamentos da sua consolidação e do seu progresso, lembrando, entre as suas muitas renovações, a construção da Cloaca Máxima e do Capitólio. Seu sucessor, Sérvio Túlio, era igualmente da sua família. Este dividiu todo o povo da cidade em classes e centúrias, segundo as possibilidades financeiras de cada um, desgostando os patrícios, a esse tempo já organizados, em virtude de essa reforma apresentar-se dentro de características liberais, não obstante as suas finalidades militares.

Onde, porém, mais se evidenciam as influências etruscas, nas organizações romanas, é justamente na alma popular, devotada aos gênios, aos deuses e às superstições de toda a natureza, que, aliás, seriam multiplicadas em seus contatos com a Grécia. Cada família, como cada lar, possuía o seu gênio invisível e amigo, e, na sociedade, alastravam-se as comunidades religiosas, culminando no Colégio dos Pontífices, cuja fundação remonta ao passado longínquo da cidade. Esse Colégio foi depois substituído pelo Pontífice Máximo, chefe supremo das correntes religiosas, do qual os bispos romanos iam extrair, mais tarde, o Vaticano e o Papado dos tempos modernos.

Os romanos, ao contrário dos atenienses, não procuravam muitas indagações transcendentes em matéria religiosa ou filosófica, atendendo somente aos problemas do culto externo, sem muitas argumentações com a lógica, e foi por isso que, com a evolução da cidade, o *Pantheon*, seu templo mais aristocrático, chegou a possuir mais de trinta mil deuses.

11.4 Os patrícios e os plebeus

Depois dos últimos Tarquínios, que procuraram intensificar os poderes militares da realeza, proclama-se a república, que fica governada por dois magistrados patrícios, assistidos pelo Senado. Grandes medidas são executadas para consolidar a supremacia romana, mas as classes pobres, oprimidas pelas mais ricas, que gozavam de todos os direitos, revoltaram-se em face da penosa situação em que as colocavam as possibilidades da ditadura preconizada pelos senadores, em casos especiais com poderes soberanos e amplos em todas as questões da vida e da morte de cada um.

Inspirados pelas forças espirituais que os assistiam, os plebeus abandonaram, em massa, a cidade, retirando-se para o Monte Sagrado, mas os patrícios, examinando a gravidade daquela atitude extrema, lhes enviam Menênio Agripa, cuja palavra se desincumbe com felicidade da diligência que lhe fora cometida, contando aos rebeldes o apólogo dos membros e do estômago, que constituem, no mecanismo de sua harmonia, o perfeito organismo de um corpo. A plebe concorda em regressar para a cidade, embora impondo condições quase que irrestritamente aceitas. Os tribunos da plebe inauguram, então, um período de belas conquistas dos direitos humanos, culminando na Lei Canuleia, que permitia o casamento entre patrícios e plebeus e com a Lei Ogúlnia, que conferia a estes últimos as próprias funções sacerdotais.

11.5 A família romana

Muito poderíamos comentar, à margem da História, mas outros são os nossos fins, considerando-nos no dever de salientar aqui as sagradas virtudes romanas, na instituição do colégio da família, em muitas circunstâncias superior ao da própria Grécia, cheia de sabedoria e de beleza.

A família romana, em suas tradições gloriosas, está constituída no mais sublime respeito às virtudes heroicas da mulher e na perfeita compreensão dos deveres do homem, ante os seus sucessores e os seus antepassados.

Lembrando-nos de Roma no seu áureo período de trabalho, enche-se-nos o olhar de lágrimas amargas... Que gênio maldito imiscuiu-se nessa organização sublimada em seus mais íntimos fundamentos, devorando-lhe as esperanças mais nobres, corrompendo-lhe os sentimentos, relaxando-lhe as energias? Que força devastadora derrubou todas as suas estátuas gloriosas de virtude? Debalde, a mão misericordiosa de Jesus desceu sobre a sua fronte, levantando-a de quedas tenebrosas, antes dos seus tristes espetáculos de arrasamento. Os abusos de poder e de liberdade dos seus habitantes fizeram do ninho do amor e do trabalho um amontoado de ruinarias, afundando-o num mar de lodo sanguinolento.

11.6 As guerras e a maioridade terrestre

Em breve, porém, a família romana, cheia das tradições de generosa beleza, foi dilacerada pelos gênios militares e pelos espíritos guerreiros.

O progresso incessante da cidade formava a tendência geral ao expansionismo em todos os domínios.

Entretanto, os pródromos do Direito romano e a organização da família assinalavam o período da maioridade terrestre. O homem, com semelhantes conquistas, estava pronto a desferir o voo para as mais altas esferas espirituais.

As legiões magnânimas do Cristo aprestam-se para as últimas preparações de seus gloriosos caminhos na face do mundo. O Evangelho deveria chegar como a mensagem eterna do amor, da luz e da verdade para todos os seres.

Todavia, a liberdade pessoal e coletiva é respeitada pelo Plano Invisível e Roma não se mostra digna das numerosas dádivas recebidas. Em vez de estender os seus laços pela educação e pela concórdia, deixa prender-se por uma legião de espíritos agressivos e ambiciosos, alargando a sua influência pelo mundo com as balistas e catapultas dos seus guerreiros. Depois das conquistas da península, empreende a conquista do mundo, com as guerras púnicas, terminando por submeter todo o Oriente, onde também se encontrava a Grécia esgotada e vencida.

Os enviados do Cristo harmonizam esses terríveis movimentos no instituto das provações necessárias aos indivíduos e aos seus agrupamentos; todavia, a realidade é que

Roma assumia, igualmente, as mais pesadas responsabilidades e os mais penosos débitos, diante da Justiça Divina. Suas águias vitoriosas cruzam, então, todos os mares; o Mediterrâneo é propriedade sua e o Império Romano é o império do mundo, ouvindo-se a voz diretora de um só homem para quase todas as regiões povoadas da Terra.

11.7 Nas vésperas do Senhor

As forças do invisível, porém, não descansaram. Muitas lágrimas foram vertidas, no Alto, em vista de tão nefastos acontecimentos.

O Cristo reúne as assembleias de seus emissários. A Terra não podia perder a sua posição espiritual, depois das conquistas da sabedoria ateniense e da família romana.

É então que se movimentam as entidades angélicas do sistema, nas proximidades da Terra, adotando providências de vasta e generosa importância. A lição do Salvador deveria, agora, resplandecer para os homens, controlando-lhes a liberdade com a exemplificação perfeita do amor. Todas as providências são levadas a efeito. Escolhem-se os instrutores, os precursores imediatos, os auxiliares divinos. Uma atividade única regista-se[4], então, nas esferas mais próximas do planeta, e, quando reinava Augusto, na sede do governo do mundo, viu-se uma noite cheia de luzes e de estrelas maravilhosas. Harmonias divinas cantavam um hino de sublimadas esperanças no coração dos homens e da Natureza. A manjedoura é o teatro de todas as glorificações da luz e da humildade, e, enquanto alvorecia uma nova era para o globo terrestre, nunca mais se esqueceria o Natal, a *noite silenciosa, noite santa.*

---

[4] N.E.: Forma pouco usual para o verbo "registrar".

12
A VINDA DE JESUS

12.1 A manjedoura

A manjedoura assinalava o ponto inicial da lição salvadora do Cristo, como a dizer que a humildade representa a chave de todas as virtudes.

Começava a era definitiva da maioridade espiritual da Humanidade terrestre, de vez que Jesus, com a sua exemplificação divina, entregaria o código da fraternidade e do amor a todos os corações.

Debalde os escritores materialistas de todos os tempos vulgarizaram o grande acontecimento, ironizando os altos fenômenos mediúnicos que o precederam. As figuras de Simeão, Ana, Isabel, João Batista, José, bem como a personalidade sublimada de Maria, têm sido, muitas vezes, objeto de observações injustas e maliciosas; mas a realidade é que somente com o concurso daqueles mensageiros da Boa-Nova, portadores da contribuição de fervor, crença e vida, poderia Jesus lançar na Terra os fundamentos da verdade inabalável.

12.2 O Cristo e os essênios

Muitos séculos depois da sua exemplificação incompreendida, há quem o veja entre os essênios, aprendendo as suas doutrinas, antes do seu messianismo de amor e de redenção. As próprias esferas mais próximas da Terra, que, pela força das circunstâncias, acercam-se mais das controvérsias dos homens que do sincero aprendizado dos espíritos, estudiosos e desprendidos do orbe, refletem as opiniões contraditórias da Humanidade, a respeito do Salvador de todas as criaturas.

O Mestre, porém, não obstante a elevada cultura das escolas essênias, não necessitou da sua contribuição. Desde os seus primeiros dias na Terra, mostrou-se tal qual era, dentro da superioridade que o planeta lhe conheceu desde os tempos longínquos do princípio.

12.3 Cumprimento das profecias de Israel

Do seu divino apostolado nada nos compete dizer em acréscimo das tradições que a cultura evangélica apresentou em todos os séculos posteriores à sua vinda à Terra, reafirmando, todavia, que a sua lição de amor e de humildade foi única em todos os tempos da Humanidade.

Dele, asseveraram os profetas de Israel, muito tempo antes da manjedoura e do calvário: – "Levantar-se-á como um arbusto verde, vivendo na ingratidão de um solo árido, onde não haverá graça nem beleza. Carregado de opróbrios e desprezado dos homens, todos lhe voltarão o rosto. Coberto de ignomínias, não merecerá consideração. É que Ele carregará o fardo pesado de nossas culpas e de nossos sofrimentos, tomando sobre si todas as nossas dores. Presumireis na sua figura um homem vergando ao peso da cólera de Deus, mas serão os nossos pecados que o cobrirão de chagas sanguinolentas e as suas feridas hão de ser a nossa redenção. Somos um imenso rebanho desgarrado, mas, para nos reunir no caminho de Deus, Ele sofrerá o peso das nossas iniquidades. Humilhado e ferido, não soltará o mais leve queixume, deixando-se conduzir como um cordeiro ao sacrifício. O seu túmulo passará como o de um malvado e a sua morte como a de um ímpio. Mas, desde o momento em que oferecer a sua vida, verá nascer uma posteridade e os interesses de Deus hão de prosperar nas suas mãos."

12.4 A grande lição

Sim, o mundo era um imenso rebanho desgarrado. Cada povo fazia da religião uma nova fonte de vaidades, salientando-se que muitos cultos religiosos do Oriente caminhavam para o terreno franco da dissolução e da imoralidade; mas o Cristo vinha trazer ao mundo os fundamentos eternos da verdade e do amor. Sua palavra, mansa e generosa, reunia todos os infortunados e todos os pecadores. Escolheu os ambientes mais pobres e mais desataviados para viver a intensidade de suas lições sublimes, mostrando aos homens que a verdade dispensava o cenário suntuoso dos areópagos, dos fóruns e dos templos, para fazer-se ouvir na sua misteriosa beleza. Suas pregações, na praça pública, verificam-se a propósito dos seres mais desprotegidos e desclassificados, como a demonstrar que a sua palavra vinha reunir todas as criaturas na mesma vibração de fraternidade e na mesma estrada luminosa do amor. Combateu pacificamente todas as violências oficiais do Judaísmo, renovando a lei antiga com a doutrina do esclarecimento, da tolerância e do perdão. Espalhou as mais claras visões da vida imortal, ensinando às criaturas terrestres que existe algo superior às pátrias, às bandeiras, ao sangue e às leis humanas. Sua palavra profunda, enérgica e misericordiosa refundiu todas as filosofias, clarificou o caminho das ciências e já teria irmanado todas as religiões da Terra, se a impiedade dos homens não fizesse valer o peso da iniquidade na balança da redenção.

12.5 A palavra divina

Não nos compete fornecer uma nova interpretação das palavras eternas do Cristo, nos Evangelhos. Semelhante interpretação está feita por quase todas as escolas religiosas do mundo, competindo apenas às suas comunidades e aos seus adeptos a observação do ensino imortal, aplicando-a a si próprios, no mecanismo da vida de relação, de modo que se verifique a renovação geral, na sublime exemplificação, porque, se a manjedoura e a cruz constituem ensinamento inolvidável, muito mais devem representar, para nós outros, os exemplos do Divino Mestre, no seu trato com as vicissitudes da vida terrestre.

De suas lições inesquecíveis, decorrem consequências para todos os departamentos da existência planetária, no sentido de se renovarem os institutos sociais e políticos da Humanidade, com a transformação moral dos homens dentro de uma nova era de justiça econômica e de concórdia universal.

Pode parecer que as conquistas do verdadeiro Cristianismo sejam ainda remotas, em face das doutrinas imperialistas da atualidade, mas é preciso reconhecer que dois mil anos já dobaram sobre a palavra divina. Dois mil anos em que os homens se estraçalharam em seu nome, inventando bandeiras de separatividade e destruição. Incendiaram e trucidaram, em nome dos seus ensinos de perdão e de amor, massacrando esperanças em todos os corações. Contudo, o século que passa deve assinalar uma transformação visceral nos departamentos da vida. A dor completará as obras generosas da verdade cristã, porque os homens repeliram o amor em suas cogitações de progresso.

12.6 Crepúsculo de uma civilização

Uma nuvem de fumo vem se formando, há muito tempo, nos horizontes da Terra, cheia de indústrias de morte e destruição. Todos os países são convocados a conferirem os valores da maturação espiritual da Humanidade, verificada no orbe há dois milênios. O progresso científico dos povos e as suas mais nobres e generosas conquistas são reclamados pelo banquete do morticínio e da ambição, e, enquanto a política do mundo se sente manietada ante os dolorosos fenômenos do século, registam-se[5] nos espaços novas atividades de trabalho, porque a direção da Terra está nas mãos misericordiosas e augustas do Cordeiro.

12.7 O exemplo do Cristo

Sem nos referirmos, porém, aos problemas da política transitória do mundo, lembremos, ainda, que a lição do

[5] N.E.: Ver nota no capítulo 11.

Cristo ficou para sempre na Terra, como o tesouro de todos os infortunados e de todos os desvalidos. Sua palavra construiu a fé nas almas humanas, fazendo-lhes entrever os seus gloriosos destinos. Haja necessidade e tornaremos a ver a crença e a esperança reunindo-se em novas catacumbas romanas, para reerguerem o sentido cristão da civilização da Humanidade.

É, muitas vezes, nos corações humildes e aflitos que vamos encontrar a divina palavra cantando o hino maravilhoso dos bem-aventurados.

E, para fechar este capítulo, lembrando a influência do Divino Mestre em todos os corações sofredores da Terra, recordemos o episódio do monge de Manilha, que, acusado de tramar a liberdade de sua pátria contra o jugo dos espanhóis, é condenado à morte e conduzido ao cadafalso.

No instante do suplício, soluça desesperadamente o mísero condenado: – "Como, pois, será possível que eu morra assim inocente? Onde está a justiça? Que fiz eu para merecer tão horrendo suplício?".

Mas um companheiro corre ao seu encontro e murmura-lhe aos ouvidos: – "Jesus também era inocente!...".

Passa, então, pelos olhos da vítima, um clarão de misteriosa beleza. Secam-se as lágrimas e a serenidade lhe volta ao semblante macerado, e, quando o carrasco lhe pede perdão, antes de apertar o parafuso sinistro, ei-lo que responde resignado: – "Meu filho, não só te perdoo como ainda te peço cumpras o teu dever".

13
O IMPÉRIO ROMANO E SEUS DESVIOS

13.1 Os desvios romanos

Reportando-nos ainda às conquistas romanas, antes da chegada do Senhor para as primeiras florações do Cristianismo, devemos lembrar o esforço despendido pelas entidades espirituais, junto das autoridades organizadoras e conservadoras da República, no sentido de orientar-se a atividade geral para um grande movimento de fraternidade e de união de todos os povos do planeta.

Os pensadores que hoje sonham a criação dos Estados Unidos do Mundo, sem os movimentos odiosos das guerras fratricidas, podem sondar os desígnios do Plano Invisível naquela época. A Grécia havia perscrutado, na medida do possível, todos os problemas transcendentes da vida. Nas suas lutas expiatórias, transferira as suas experiências e conhecimentos para a família romana, então apta para as grandes tarefas do Estado. À força de educação e de amor, poderia esta última unificar as bandeiras do orbe, criando um novo roteiro à evolução coletiva e estabelecendo as linhas paralelas do progresso físico e moral da Humanidade terrestre. Todos os esforços foram despendidos, nesse particular, pelos emissários do Plano Invisível, e a prova desse grandioso projeto de trabalho unitário é que a obra do império romano foi das mais primorosas, em matéria educativa, com vistas à organização das nacionalidades modernas. O próprio instinto democrático da Inglaterra e da França, bem como as suas elevadas obras de socialização, ainda representam frutos da missão educativa do Império, no seio da Humanidade.

O caminho dos romanos ficou juncado de sementes e de luzes para o porvir.

A realidade, contudo, é que, se os mensageiros do Cristo conseguiram a realização de muitos planos generosos, no seio da comunidade de então, não podiam interferir na liberdade isolada da grande maioria dos seus membros.

13.2 Os abusos da autoridade e do poder

Em breve, os abusos da autoridade e do poder embriagavam a cidade valorosa. Toda a sede do governo parecia invadida por uma avalancha de forças perversoras, das mais baixas esferas dos Planos Invisíveis.

A família romana, cujo esplendor espiritual conseguiu atravessar todas as eras, iluminando os agrupamentos da atualidade, parecia atormentada pelos mais tenazes inimigos ocultos, que, aos poucos, lhe minaram as bases mais sólidas, mergulhando-a na corrupção e no extermínio de si mesma, dada a ausência de vigilância de suas sentinelas mais avançadas. Denso nevoeiro obscurecia todas as consciências, e a sociedade alegre e honesta, rica de sentimentos enobrecedores, foi pasto de crimes humilhantes, de tragédias lúgubres e miserandos assassínios. As classes abastadas aproveitavam a pletora de poder instalando-se no carro da opressão, que deixava atrás de si um rastro fumegante de revolta e de sangue. Os *Gracchos*, filhos da veneranda Cornélia, são quase que os derradeiros traços de uma época caracterizada pela administração enérgica, mas equânime, cheia de honestidade, de sabedoria e de justiça.

13.3 Os chefes de Roma

Depois de Caio, assassinado no Aventino, embora se fizesse supor um suicídio, instala-se definitivamente um regime de quase completa dissolução das grandes conquistas morais realizadas.

Sobe Mário ao poder, depois das vitórias contra Jugurta e contra os Germanos, que haviam, por sua vez, invadido o território das Gálias. Mas os antagonismos sociais levam Sila ao poder, travando-se lutas cruentas, como vésperas escuras de sangrentas derrocadas. Em seguida, surgem Pompeu e a revolução de Catilina, muito conseguindo a prudência de Cícero em favor da segurança da cidade. Verifica-se, logo após, o primeiro triunvirato com a política maneirosa de Caio Júlio César, que se alia a Pompeu e a Crasso para as supremas obrigações do governo.

As citações históricas, todavia, desviariam os objetivos do nosso esforço. Nossa intenção é mostrar que o determinismo do Mundo Espiritual era o do amor, da solidariedade e do bem, mas os próprios homens, na esfera relativa de suas liberdades, modificaram esse determinismo superior, no curso incessante da civilização.

Os generais romanos podiam conquistar a ferro e fogo, desviando-se dos objetivos mais sagrados dos seus deveres e obrigações, levando aos outros povos, pela força das armas, os liames que somente deveriam utilizar com a sua cultura e experiência da vida; mas seus atos originaram os mais amargos frutos de provação e sofrimento para a Humanidade terrestre, e é por isso que, em sua quase totalidade, entraram no Plano Espiritual seguidos de perto pelas suas numerosas vítimas, entre as vozes desesperadas das mais acerbas acusações. Muitos deles, decorridos decênios infindáveis de martírios expiatórios, podiam ser vistos sem as suas armaduras elegantes, arrastando-se como vermes ao longo das margens do Tibre, ou estendendo as mãos asquerosas, como mendigos detestados do Esquilino.

13.4 O século de Augusto

Terminados os triunviratos, eis que ia cumprir-se a missão do Cristo, depois de instalados os primeiros Césares do império romano.

A aproximação e a presença consoladora do Divino Mestre no mundo era motivo para que todos os corações experimentassem uma vida nova, ainda que ignorassem a fonte divina daquelas vibrações confortadoras. Em vista disso, o governo de Augusto decorreu em grande tranquilidade para Roma e para o resto das sociedades organizadas do planeta. Realizam-se gigantescos esforços edificadores ou reconstrutivos. Belos monumentos são erigidos. O espírito artístico e filantrópico de Atenas revive na pessoa de Mecenas, confidente do imperador, cuja generosidade dispensa a mais carinhosa atenção às inteligências estudiosas e superiores da época, quais Horácio e Virgílio, que assinalam, junto de outras nobres expressões intelectuais do tempo, a passagem do chamado *século de Augusto*, com as suas obras numerosas.

13.5 Transição de uma época

Depois de Augusto, aparece à barra da História a personalidade disfarçada e cruel de Tibério, seu filho adotivo, que vê terminar a era de paz, de trabalho e concórdia, com o regresso do Cordeiro às regiões sublimadas da Luz.

É nesse reinado que a Judeia leva a efeito a tragédia do Gólgota, realizando sinistramente as mais remotas profecias.

Não obstante o seu compassivo e desvelado amor, o Divino Mestre é submetido aos martírios da cruz, por imposição do Judaísmo, que lhe não compreendeu o amor e a humildade. Roma colabora no doloroso acontecimento com a indiferença fria de Pôncio Pilatos, retornando aos seus festins e aos seus prazeres, como se desconhecesse as finalidades mais nobres da vida.

Seguindo a mesma estrada escura de Tibério, Calígula inaugura um período longo de sombras, de massacres e de incêndios, de devastação e de sangue.

13.6 Provações coletivas dos judeus e dos romanos

Os seguidores humildes do Nazareno iniciam, nas regiões da Palestina, as suas predicações e ensinamentos.

Raros apóstolos sabiam da missão sublimada daquela doutrina sacrossanta, que mandava fazer o bem pelo mal e instituía o perdão aos próprios inimigos. De perto, seguem-lhes a atividade os emissários solícitos do Senhor, preparando os caminhos da revolução ideológica do Evangelho. Esses mensageiros do Alto iniciam, igualmente e de modo indireto, o esforço de auxílio ao império nas suas dolorosas provações coletivas.

Um perfeito trabalho de seleção se verifica no ambiente espiritual das coletividades romanas. Chovem inspirações do Alto, preludiando as dores de Jerusalém e as amarguras da cidade imperial. Vaticínios sinistros pesam sobre todos os espíritos rebeldes e culpados, e a verdade é que, depois do cerco de Jerusalém, quando Tito destruiu a cidade, arrasando-lhe o templo famoso e dispersando para sempre os israelitas, viu o orgulhoso vencedor mudar-se o curso das dores para a sociedade do império, atormentada pelas tempestades de fogo e cinza que arrasaram Stabia, Herculanum e Pompéia, destruindo milhares de vidas florescentes e desequilibrando a existência romana para sempre.

13.7 Fim da vaidade humana

O império romano, que poderia ter levado a efeito a fundação de um único Estado na face do mundo, em virtude da maravilhosa unidade a que chegou e mercê do esforço e da proteção do Alto, desapareceu num mar de ruínas, depois das suas guerras, desvios e circos cheios de feras e gladiadores.

Seu imenso organismo apodreceu nas chagas que lhe abriram a incúria e a impiedade dos próprios filhos e, quando não foi mais possível o paliativo da misericórdia dos espíritos abnegados e compassivos, dada a galvanização dos sentimentos gerais na mesa larga dos excessos e prazeres terrestres, a dor foi chamada a restabelecer o fundamento da verdade nas almas.

Da orgulhosa cidade dos imperadores não restaram senão pedras sobre pedras. Sob o látego da expiação e do sofrimento, os Espíritos culpados trocaram a sua indumentária para a evolução e para o resgate no cenário infinito da vida, e, enquanto muitos deles ainda choram nos padecimentos redentores, gemem sobre as ruínas do Coliseu de Vespasiano os ventos tristes e lamentosos da noite.

14
A EDIFICAÇÃO CRISTÃ

14.1 Os primeiros cristãos

Atingindo um período de nova compreensão concernente aos mais graves problemas da vida, a sociedade da época sentia de perto a insuficiência das escolas filosóficas conhecidas, no propósito de solucionar as suas grandes questões. A ideia de uma justiça mais perfeita para as classes oprimidas tornara-se assunto obsidente para as massas anônimas e sofredoras.

Em virtude dos seus postulados sublimes de fraternidade, a lição do Cristo representava o asilo de todos os desesperados e de todos os tristes. As multidões dos aflitos pareciam ouvir aquela misericordiosa exortação: – "Vinde a mim, vós todos os que sofreis e tendes fome de justiça e eu vos aliviarei" – e da cruz chegava-lhes, ainda, o alento de uma esperança desconhecida.

A recordação dos exemplos do Mestre não se restringia aos povos da Judeia, que lhe ouviram diretamente os ensinos imorredouros. Numerosos centuriões e cidadãos romanos conheceram pessoalmente os fatos culminantes das pregações do Salvador. Em toda a Ásia Menor, na

Grécia, na África e mesmo nas Gálias, como em Roma, falava-se d'Ele, da sua filosofia nova que abraçava todos os infelizes, cheia das claridades sacrossantas do Reino de Deus e da sua justiça. Sua doutrina de perdão e de amor trazia nova luz aos corações e os seus seguidores destacavam-se do ambiente corrupto do tempo, pela pureza de costumes e por uma conduta retilínea e exemplar.

A princípio, as autoridades do império não ligaram maior importância à doutrina nascente, mas os Apóstolos ensinavam que, por Jesus Cristo, não mais poderia haver diferença entre os livres e os escravos, entre patrícios e plebeus, porque todos eram irmãos, filhos do mesmo Deus. O patriciado não podia ver com bons olhos semelhantes doutrinas. Os cristãos foram acusados de feiticeiros e heréticos, iniciando-se o martirológio com os primeiros editos de proscrição. O Estado não permitia outras associações independentes, que não aquelas consideradas como cooperativas funerárias e, aproveitando essa exceção, os seguidores do Crucificado começaram os famosos movimentos das catacumbas.

14.2 A propagação do Cristianismo

Na Judeia cresce, então, o número dos prosélitos da nova crença. O hino de esperanças da manjedoura e do calvário espalha nas almas um suave e eterno perfume. É assim que os Apóstolos, cuja tarefa o Cristo abençoara com a sua misericórdia, espalham as claridades da Boa-Nova por toda a parte, repartindo o pão milagroso da fé com todos os famintos do coração.

A doutrina do Crucificado propaga-se com a rapidez do relâmpago.

Fala-se dela, tanto em Roma como nas Gálias e no norte da África. Surgem os advogados e os detratores. Os prosélitos mais eminentes buscam doutrinar, disseminando as suas ideias e interpretações. As primeiras igrejas surgem ao pé de cada Apóstolo, ou de cada discípulo mais destacado e estudioso.

A centralização e a unidade do Império Romano facilitaram o deslocamento dos novos missionários, que podiam levar a palavra de fé ao mais obscuro recanto do globo, sem as exigências e os obstáculos das fronteiras.

Doutrina alguma alcançara no mundo semelhante posição, em face da preferência das massas. É que o Divino Mestre selara com exemplos as palavras de suas lições imorredouras.

Maior revolucionário de todas as épocas, não empunhou outra arma além daquelas que significam amor e tolerância, educação e aclaramento. Condenou todas as hipocrisias, insurgiu-se contra todas as violências oficializadas, ensinando simultaneamente aos discípulos o amor incondicional à ordem, ao trabalho e à paz construtiva. É por essa razão que os Evangelhos constituem o livro da Humanidade, por excelência. Sua simplicidade e singeleza transparecem na tradução de todas as línguas da Terra, prendendo a alma dos homens entre as luzes do Céu, ao encanto suave de suas narrativas.

14.3 A redação dos textos definitivos

Nesse tempo, quando a guerra formidável da crítica procurava minar o edifício imortal da nova doutrina, os mensageiros do Cristo presidem à redação dos textos definitivos, com vistas ao futuro, não somente junto aos Apóstolos e seus discípulos, mas igualmente junto aos núcleos das tradições. Os cristãos mais destacados trocam, entre si, cartas de alto valor doutrinário para as diversas igrejas. São mensagens de fraternidade e de amor, que a posteridade muita vez não pôde ou não quis compreender.

Muitas escolas literárias se formaram nos últimos séculos, dentro da crítica histórica, para o estudo e elucidação desses documentos. A palavra "apócrifo" generalizou-se como o espantalho de todo o mundo. Histórias numerosas foram escritas. Hipóteses incontáveis foram aventadas, mas os sábios materialistas, no estudo das ideias religiosas, não puderam sentir que a intuição está acima da razão e, ainda uma vez, falharam, em sua maioria, na exposição dos princípios e na apresentação das grandes figuras do Cristianismo.

A grandeza da doutrina não reside na circunstância de o *Evangelho* ser de *Marcos* ou de *Mateus*, de *Lucas* ou de *João*; está na beleza imortal que se irradia de suas lições divinas, atravessando as idades e seduzindo os corações. Não há vantagem nas longas discussões quanto à autenticidade de uma carta de Inácio de Antioquia ou de Paulo de Tarso, quando o racionalismo absoluto não possui elementos para a prova concludente e necessária. A opinião geral rodopiará em torno do crítico mais eminente, segundo as convenções. Todavia, a autoridade literária não poderá apresentar a equação matemática do assunto. É que, portas adentro do coração, só a essência deve prevalecer para as almas e, em se tratando das conquistas sublimadas da fé, a intuição tem de marchar à frente da razão, preludiando generosos e definitivos conhecimentos.

14.4 A missão de Paulo

No trabalho de redação dos evangelhos, que constituem, sem dúvida, o portentoso alicerce do Cristianismo, verificavam-se, nessa época, algumas dificuldades para que se lhes desse o precioso caráter universalista.

Todos os Apóstolos do Mestre haviam saído do teatro humilde de seus gloriosos ensinamentos; mas, se esses pescadores valorosos eram elevados Espíritos em missão, precisamos considerar que eles estavam muito longe da situação de espiritualidade do Mestre, sofrendo as influências do meio a que foram conduzidos. Tão logo se verificou o regresso do Cordeiro às regiões da Luz, a comunidade cristã, de modo geral, começou a sofrer a influência do Judaísmo, e quase todos os núcleos organizados da doutrina pretenderam guardar feição aristocrática, em face das novas igrejas e associações que se fundavam nos mais diversos pontos do mundo.

É então que Jesus resolve chamar o espírito luminoso e enérgico de Paulo de Tarso ao exercício do seu ministério. Essa deliberação foi um acontecimento dos mais significativos na história do Cristianismo. As ações e as epístolas de Paulo tornam-se poderoso elemento de universalização da nova doutrina. De cidade em cidade, de igreja em igreja, o convertido de Damasco, com o seu enorme prestígio, fala do Mestre, inflamando os corações. A princípio, estabelece-se entre ele e os demais apóstolos uma penosa situação de incompreensibilidade, mas sua influência providencial teve por fim evitar uma aristocracia injustificável dentro da comunidade cristã, nos seus tempos inesquecíveis de simplicidade e pureza.

14.5 O Apocalipse de João

Alguns anos antes de terminar o primeiro século, após o advento da nova doutrina, já as forças espirituais operam uma análise da situação amargurosa do mundo, em face do porvir.

Sob a égide de Jesus, estabelecem novas linhas de progresso para a civilização, assinalando os traços iniciais dos países europeus dos tempos modernos. Roma já não representa, então, para o Plano Invisível, senão um foco infeccioso que é preciso neutralizar ou remover. Todas as dádivas do Alto haviam sido desprezadas pela cidade imperial, transformada num vesúvio de paixões e de esgotamentos.

O Divino Mestre chama aos Espaços o Espírito de João, que ainda se encontrava preso nos liames da Terra, e o Apóstolo, atônito e aflito, lê a linguagem simbólica do Invisível.

Recomenda-lhe o Senhor que entregue os seus conhecimentos ao planeta como advertência a todas as nações e a todos os povos da Terra, e o velho Apóstolo de Patmos transmite aos seus discípulos as advertências extraordinárias do Apocalipse.

Todos os fatos posteriores à existência de João estão ali previstos. É verdade que frequentemente a descrição apostólica penetra o terreno mais obscuro; vê-se que a sua expressão humana não pôde copiar fielmente a expressão divina das suas visões de palpitante interesse para a história da Humanidade. As guerras, as nações futuras, os tormentos porvindouros, o comercialismo, as lutas ideológicas da civilização ocidental estão ali pormenorizadamente entrevistos. E a figura mais dolorosa, ali relacionada, que ainda hoje se oferece à visão do mundo moderno, é bem aquela da igreja transviada de Roma, simbolizada na besta vestida de púrpura e embriagada com o sangue dos santos.

14.6 Identificação da besta apocalíptica

Reza o *Apocalipse* que a besta poderia dizer grandezas e blasfêmias por 42 meses, acrescentando que o seu número era o 666 (*Apocalipse*, 13:5 e 18). Examinando-se a importância dos símbolos naquela época e seguindo o rumo certo das interpretações, podemos tomar cada mês como sendo de 30 anos, em vez de 30 dias, obtendo, desse modo, um período de 1.260 anos comuns, justamente o período compreendido entre 610 e 1870, da nossa era, quando o Papado se consolidava, após o seu surgimento, com o imperador Focas, em 607, e o decreto da infalibilidade papal com Pio IX, em 1870, que assinalou a decadência e a ausência de autoridade do Vaticano, em face da evolução científica, filosófica e religiosa da Humanidade.

Quanto ao número 666, sem nos referirmos às interpretações com os números gregos, em seus valores, devemos recorrer aos algarismos romanos, em sua significação, por serem mais divulgados e conhecidos, explicando que é o sumo pontífice da igreja romana quem usa os títulos de *Vicarivs Generalis Dei In Terris*, *Vicarivs Filii Dei* e *Dvx Cleri* que significam "Vigário-geral de Deus na Terra", "Vigário do Filho de Deus" e "Príncipe do Clero". Bastará ao estudioso um pequeno jogo de paciência, somando os algarismos romanos encontrados em cada título papal, a fim de encontrar a mesma equação de 666, em cada um deles.

Vê-se, pois, que o *Apocalipse de João* tem singular importância para os destinos da Humanidade terrestre.

14.7 O roteiro de luz e de amor

Mas, voltemos aos nossos propósitos, cumprindo-nos reconhecer nos Evangelhos uma luz maravilhosa e divina, que o escoar incessante dos séculos só tem podido avivar e reacender. É que eles guardam a súmula de todos os compêndios de paz e de verdade para a vida dos homens, constituindo o roteiro de luz e de amor, através do qual todas as almas podem ascender às luminosas montanhas da sabedoria dos Céus.

15
A EVOLUÇÃO DO CRISTIANISMO

15.1 Penosos compromissos romanos

Debalde tentaram as forças espirituais o aproveitamento dos romanos na direção suprema do mundo. Todos os recursos possíveis foram prodigalizados inutilmente à cidade imperial. A canalização de consideráveis riquezas materiais, possibilitando a consolidação de um Estado único no planeta, não fora esquecida, ao lado de todas as providências que se faziam necessárias, do ponto de vista moral. Em vão, transplantara-se para Roma a extraordinária sabedoria ateniense e a colaboração de todas as experiências dos povos conquistados.

Os Espíritos encarnados não conseguiram a eliminação dos laços odiosos da vaidade e da ambição, sentindo-se traídos em suas energias mais profundas, contraindo débitos penosos, perante os tribunais da Justiça Divina.

A vinda do Cristo ao Cenáculo obscuro do planeta, trazendo a mensagem luminosa da verdade e do amor, assinalara o período da maioridade espiritual da Humanidade. Essa maioridade implicava direitos que, por sua vez, se fariam acompanhar do agravo de deveres e responsabilidades para a solução de grandes problemas educativos do coração. Se ao homem físico rasgavam-se os mais amplos horizontes nos domínios do progresso material, os Evangelhos vinham trazer ao homem espiritual um roteiro de novas atividades, educando-o convenientemente para as suas arrojadas conquistas de ciência e de liberdade, com vistas ao porvir. O aproveitamento desse processo educativo deveria ser levado a efeito pela capital do mundo, de acordo com os desígnios do Plano Espiritual. Pesadas forças da Treva, porém, aliaram-se às mais fortes tendências do homem terrestre, constantemente inclinado aos liames do mal que o prendiam à Terra, adstrito aos mais grosseiros instintos de conservação, e, enquanto os Espíritos abnegados, do Alto, choram sobre os abusos de liberdade dos romanos, a cidade dos césares embriaga-se cada vez mais no vinho do ódio e da ambição, contraindo dívidas penosas, entrelaçando os seus sentimentos com o ódio dos vencidos e dos humilhados, criando negras perspectivas para o longínquo porvir.

15.2 Culpas e resgates dolorosos do homem espiritual

Ao coração misericordioso de Jesus chegam as preces dolorosas de todos os operários da sua bendita semeadura. Seu olhar percuciente, todavia, penetrara o âmago das almas e não fora em vão que recomendara o crescimento do trigo e do joio nas mesmas leiras, somente a Ele competindo a separação, na época da ceifa.

A limitada liberdade de ação dos indivíduos e das coletividades é integralmente respeitada. Cada qual é responsável pelos seus atos, recebendo de conformidade com as suas obras.

Foi por isso que Roma teve oportunidade de realizar seus propósitos e desígnios políticos; mas a Justiça Divina acompanhou-lhe todos os passos, nos enormes desvios a que se conduziu, comprometendo para sempre o futuro do homem espiritual, que somente agora conhecerá um reajustamento nas amargurosas transições do século que passa. Um laço pesado e tenebroso reuniu a cidade conquistadora aos povos que humilhara. O ódio do verdugo e dos seus inimigos fundiu-se em séculos de provações e de lutas expiatórias, para demonstrar que Jesus é o fundamento da verdade e só o amor é a sagrada finalidade da vida. Foi por essa razão que o conquistador e os conquistados, unidos pelo ódio como calcetas algemados um ao outro nas galés da amargura, compareceram periodicamente, nos Espaços, ante a Misericórdia Suprema do Filho de Deus, prometendo a reparação e o resgate recíprocos, nos séculos do porvir, fundando a civilização ocidental, como abençoada oficina dos seus novos trabalhos no esforço da fraternidade e da regeneração.

A Bondade do Mestre fez florescer cidades valorosas e progressistas, países cultos e fartos, onde as almas decaídas encontrassem todos os elementos de edificação e aprimoramento. O homem físico continuou a linha ascensional de sua evolução nas conquistas e descobrimentos, mas o homem transcendente, a personalidade imortal, teria saído do oceano de lodo onde se mergulhou, voluntariamente, há dois milênios?

Respondam por nós as angustiosas expectativas da hora presente.

15.3 Os mártires

Antes do movimento de propagação das ideias cristãs no seio da sociedade romana, já os prepostos de Jesus se preparavam para auxiliar os missionários da nova fé, conhecendo a reação dos patrícios em face dos postulados de fraternidade da nova doutrina.

As classes mais abastadas não podiam tolerar semelhantes princípios de igualdade, quais os que preconizavam as lições do Nazareno, considerados como postulados de covardia moral, incompatíveis com a orgulhosa filosofia do império, e é assim que vemos os cristãos sofrendo os martírios da primeira perseguição, iniciada no reinado de Nero, de tão dolorosas quão terríveis lembranças. Nenhum instrumento de suplício foi esquecido na experimentação da fé e da constância daquelas almas resignadas e heroicas. O açoite, a cruz, o cavalete, as unhas de ferro, o fogo, os leões do circo, tudo foi lembrado para maior eficiência da perseguição aos seguidores do Carpinteiro de Nazaré. Pedro e Paulo entregam a vida na palma dos martírios santificadores, e de Nero a Diocleciano uma nuvem pesada, de sangue e de lágrimas, envolve a alma cristã, cheia de confiança na Providência Divina. O próprio Marco Aurélio, cuja elevada estatura espiritual recebera do Alto a missão de paralisar semelhantes desatinos, não conseguiu deter a corrente de forças trevosas, mas o sangue dos cristãos era a seiva da vida lançada às divinas sementes do Cordeiro, e os seus sacrifícios foram bem os reflexos da amorosa vibração do ensinamento do Cristo, atravessando os séculos da Terra para ser compreendido e praticado nos milênios do porvir.

15.4 Os apologistas

A doutrina cristã, todavia, encontrara nas perseguições os seus melhores recursos de propaganda e de expansão.

Seus princípios generosos encontravam guarida em todos os corações, seduzindo a consciência de todos os estudiosos de alma livre e sincera. Observa-se-lhe a influência no segundo século, em quase todos os departamentos da atividade intelectual, com largos reflexos na legislação e nos costumes. Tertuliano apresenta a sua apologia do Cristianismo, provocando admiração e respeito gerais. Clemente de Alexandria e Orígenes surgem com a sua palavra autorizada, defendendo a filosofia cristã, e com eles levanta-se um verdadeiro exército de vozes que advogam a causa da verdade e da justiça, da redenção e do amor.

15.5 O jejum e a oração

Os cristãos, contudo, não tiveram de início uma visão do campo de trabalho que se lhes apresentava. Não atinaram que, se o jejum e a oração constituem uma grande virtude na soledade, mais elevada virtude representam quando levados a efeito no torvelinho das paixões desenfreadas, nas lutas regeneradoras, a fim de aproveitar aos que os contemplam. Não compreenderam imediatamente que esses preceitos evangélicos, acima de tudo, significam sacrifício pelo próximo, perseverança no esforço redentor, serenidade no trabalho ativo, que corrige e edifica simultaneamente. Retirando-se para a vida monástica, povoaram os desertos na suposição de que se redimiriam mais rapidamente para o Cordeiro.

Uma ânsia de fugir das cidades populosas fazia então vibrar todos os crentes, originando os erros da idade medieval, quando o homem supunha encontrar nos conventos as antecâmaras do Céu.

O Oriente, com os seus desertos numerosos e os seus lugares sagrados, afigura-se o caminho de todos quantos desejam fugir dos antros das paixões. Só a grande montanha de Nítria chegou a possuir trinta mil anacoretas, exilados do mundo e dos seus prazeres desastrosos. Entretanto, examinando essa decisão desaconselhável dos primeiros tempos, somos levados a recordar que os cristãos se haviam esquecido de que Jesus não desejava a morte do pecador.

15.6 Constantino

As forças espirituais que acompanhavam e acompanham todos os movimentos do orbe, sob a égide de Jesus, procuram dispor os alicerces de novos acontecimentos, que devem preparar a sociedade romana para o resgate e para a provação.

A invasão dos povos considerados bárbaros é então entrevista.

Uma forte anarquia militar dificulta a solução dos problemas de ordem coletiva, elevando e abatendo imperadores de um dia para outro. Sentindo a aproximação de grandes sucessos e antevendo a impossibilidade de manter a unidade imperial, Diocleciano organiza a Tetrarquia, ou governo de quatro soberanos, com quatro grandes capitais.

Retirando-se para Salona, exausto da tarefa governativa, ocorre a rebelião militar que aclama Augusto a Constantino, filho de Constâncio Cloro, contrariando as disposições dos dois Césares, sucessores de Diocleciano e Maximiano. A luta se estabelece e Constantino vence Maxêncio às portas de Roma, penetrando a cidade, vitorioso, para ser recebido em triunfo. Junto dele, o Cristianismo ascende à tarefa do Estado, com o Edito de Milão.

15.7 O Papado

Desde a décima perseguição que o Cristianismo era considerado em Roma como doutrina morta, mas os prepostos do Mestre não descansavam, com o nobre fim de fazer valer os seus generosos princípios. A fatalidade histórica reclamava a sua colaboração nos gabinetes da política do mundo e, ainda uma vez, a indigência dos homens não compreendeu a dádiva do Plano Espiritual, porque, logo depois da vitória, os bispos romanos solicitavam prerrogativas injustas sobre os seus humildes companheiros de episcopado. O mesmo espírito de ambição e de imperialismo, que de longo tempo trabalhava o organismo do império, dominou igualmente a igreja de Roma, que se arvorou em suserana e censora de todas as demais do planeta. Cooperando com o Estado, faz sentir a força das suas determinações arbitrárias. Trezentos anos lutaram os mensageiros do Cristo, procurando ampará-la no caminho do amor e da humildade, até que a deixaram enveredar pelas estradas da sombra, para o esforço de salvação e de experiência, e, tão logo a abandonaram ao penoso trabalho de aperfeiçoar a si mesma, eis que o imperador Focas favorece a criação do Papado, no ano de 607. A decisão imperial faculta aos bispos de Roma prerrogativas e direitos até então jamais justificados. Entronizam-se, mais uma vez, o orgulho e a ambição da cidade dos césares. Em 610, Focas é chamado ao mundo dos invisíveis, deixando no orbe a consolidação do Papado. Dessa data em diante, ia começar um período de 1.260 anos de amarguras e violências para a civilização que se fundava.

16
A IGREJA E A INVASÃO DOS BÁRBAROS

16.1 Vitórias do Cristianismo

Constantino, no seu caminho de realizações, consegue levar a efeito a nova organização administrativa do império, começada no governo de Diocleciano, dividindo-o em quatro prefeituras, que foram as do Oriente, da Ilíria, da Itália e das Gálias, que, por sua vez, eram divididas em dioceses dirigidas respectivamente por prefeitos e vigários.

Com a influência do vencedor da Ponte Mílvia, efetua-se o Concílio Ecumênico de Niceia, para combater o cisma de Ário, padre de Alexandria, que negara a divindade do Cristo. Os primeiros dogmas católicos saem, com força de lei, desse parlamento eclesiástico de 325.

Findo o reinado de Constantino, aparecem os seus filhos, que lhe não seguem as tradições. Em seguida, Juliano, sobrinho do imperador, eleva-se ao poder tentando restaurar os deuses antigos, em detrimento da doutrina cristã, embora compreendesse a ineficácia do seu tentâmen.

Mas, por volta do ano 381, surge a figura de Teodósio, que declara o Cristianismo religião oficial do Estado, decretando, simultaneamente, a extinção dos derradeiros traços do politeísmo romano. É então que todos os povos reconhecem a grande força moral da doutrina do Crucificado, pelo advento da qual milhares de homens haviam dado a própria vida no campo do martírio e do sacrifício, vendo-se o imperador, em 390, ajoelhar-se humildemente aos pés de Ambrósio, bispo de Milão, a penitenciar-se das crueldades com que reprimira a revolta dos tessalonicenses.

16.2 Primórdios do Catolicismo

O Cristianismo, porém, já não aparecia com aquela mesma humildade de outros tempos. Suas cruzes e cálices deixavam entrever a cooperação do ouro e das pedrarias, longe das expressões de madeira pobre, da época gloriosa das virtudes apostólicas.

Seus concílios, como os de Niceia, Constantinopla, Éfeso e Calcedônia, não eram assembleias que imitassem as reuniões plácidas e humildes da Galileia. Sua união com o Estado era motivo para grandes espetáculos de riqueza e vaidade orgulhosa, em contraposição com os ensinos daquele que não possuía uma pedra para repousar a cabeça dolorida.

As autoridades eclesiásticas compreendem que é preciso fanatizar o povo, impondo-lhe suas ideias e suas concepções, e, longe de educarem a alma das massas na sublime lição do Nazareno, entram em acordo com a sua preferência pelas solenidades exteriores, pelo culto fácil do mundo externo, tão do gosto dos antigos romanos, pouco inclinados às indagações transcendentes.

16.3 A igreja de Roma

A igreja de Roma, que antes da criação oficial do Papado considerava-se a eleita de Jesus, ao arvorar-se em detentora das ordenações de Pedro, não perdia ensejos de firmar a sua injustificável primazia junto às suas congêneres de Antioquia, de Alexandria e dos demais grandes centros de então. Herdando os costumes romanos e suas disposições multisseculares, procurou um acordo com as doutrinas consideradas pagãs, pela posteridade, modificando as tradições puramente cristãs adaptando textos, improvisando novidades injustificáveis e organizando, finalmente, o Catolicismo, sobre os escombros da doutrina deturpada. Os bispos de Roma, abusando do fácil entendimento com as autoridades políticas do Estado, impunham suas inovações arbitrárias, contrariando as sublimes finalidades do ensinamento d'Aquele que preconizara a humildade e o amor como os grandes caminhos da redenção.

É desse modo que aparecem novos dogmas, novas modalidades doutrinárias, o culto dos ídolos nas igrejas, as espetaculosas festas do culto externo, copiando-se quase todos os costumes da Roma anticristã.

16.4 A destruição do império

A fraqueza e a impenitência dos homens não lhes deixaram compreender que o Cristianismo fora chamado à tarefa do governo tão somente para educar o sentimento dos governantes, preparando-os para levar o esclarecimento e a fraternidade aos outros povos da Terra, então considerados bárbaros pela cultura do império.

Não obstante todos os esforços em contrário, dos mensageiros de Jesus, Bonifácio III cria o Papado em 607, contrapondo-se a todas as disposições de humildade que deveriam reger a vida da igreja. As forças do mal, aliadas à incúria e à vaidade dos homens, haviam obtido um triunfo relativo e transitório.

Os gênios do Espaço, todavia, à claridade soberana da misericórdia do Senhor, reúnem-se no Infinito, adotando providências novas, concernentes ao progresso dos homens.

Todos os recursos haviam sido prodigalizados a Roma, a fim de que as suas expressões políticas e intelectuais se estendessem pelo orbe, abrangendo todas as gentes no mesmo amplexo de amor e de unidade; sua alma coletiva, no entanto, havia deturpado todas as possibilidades sagradas de edificação e renegado todos os grandes ensinamentos. Advertências penosas não lhe faltaram do Alto, como nos acontecimentos inesquecíveis e dolorosos do Vesúvio, nas cidades da Campânia. Séculos de luta e de ensinamento se haviam escoado, sem que a alma do império se compenetrasse dos seus deveres necessários.

É então que Jesus determina a transformação do império organizado e poderoso. Suas águias orgulhosas haviam singrado todos os mares, o Mediterrâneo era uma propriedade sua, todos os povos se lhe curvavam para a homenagem e para a obediência, mas uma força invisível arrancou-lhe todos os diademas, tirou-lhe as energias e lhe reduziu as glórias a um punhado de cinzas.

Até hoje, o Espírito que investiga o passado inquire o motivo desses sinistros arrasamentos; mas a verdade é que todos os fundamentos da Terra residem em Jesus Cristo.

16.5 A invasão dos bárbaros

Essas determinações do Cristo, verificadas após o reinado de Constantino, foram seguidas das primeiras grandes invasões com os Visigodos que, fugindo dos Hunos, transpõem o Danúbio e estabelecem-se no Oriente do império, penetrando depois na Grécia e na Itália, espalhando flagelos e devastações. Debalde surgem as vitórias de Estilicão, porque, em 410, atingem elas as portas de Roma, que fica entregue ao saque e às mais duras humilhações.

Em 405, é Radagásio que parte à frente de duzentos mil soldados, em demanda da cidade imperial, sendo vencido, porém, roubando as mais fortes economias romanas.

As provas expiatórias do império prosseguem numa avalancha de dores amargas. Aparecem as correntes bárbaras dos Alanos, dos Vândalos, dos Suevos, dos Burgúndios. Em 450, os Hunos comandados por Átila atacam as Gálias, perseguindo populações pacíficas e indefesas. A unidade imperial perde a sua tradição, para sempre. Com as suas vitórias, funda Clóvis a monarquia dos Francos. Os Bretões, oprimidos pela invasão e privados do auxílio dos exércitos romanos, apelam para os Saxônios que povoavam o sul da Jutlândia, organizando-se posteriormente a Heptarquia Anglo-saxônia.

O que Roma deveria fazer com a educação e o amparo perseverantes, aqueles povos rudes e fortes vinham reclamar por si mesmos.

A grande cidade dos césares poderia ter evitado a catástrofe do desmembramento, se levasse a sua cultura a todos os corações, em vez de haver estacionado tantos séculos à mesa farta dos prazeres e das continuadas libações.

16.6 Razões da Idade Média

A queda do império romano determinara no mundo extraordinárias modificações. Muitas almas heroicas e valorosas, que se haviam purificado nas lutas depuradoras, não obstante o ambiente pantanoso dos vícios e das paixões desenfreadas, ascenderam definitivamente a Planos Espirituais mais elevados, apenas voltando às atmosferas do planeta para o cumprimento de enobrecedoras e santificantes missões.

A desorganização geral com os movimentos revolucionários dos outros povos do globo terrestre, que embalde esperavam o socorro moral do governo dos imperadores, originara um longo estacionamento nos processos evolutivos. É aí, nessa época de transições que agora atinge as suas culminâncias, que vamos encontrar as razões da Idade Média ou o período escuro da história da Humanidade. Só esse ascendente místico da civilização pôde explicar o porquê das organizações feudais, depois de tão grandes conquistas da mentalidade humana, nos grandes problemas da unidade e da centralização política do mundo. É que um novo ciclo de civilização começava sob a amorosa proteção do Divino Mestre, e as últimas expressões espirituais do grande império retiravam-se para o silêncio dos santuários e dos retiros espirituais, para chorar na solidão dos conventos, sobre o cadáver da grande civilização que não soubera prover ao seu glorioso destino.

16.7 Mestres do amor e da virtude

Almas sublimadas e corajosas reencarnam, então, sob a égide de Jesus e para a grande tarefa de orientar as forças políticas da igreja romana, agora organizada à maneira das construções efêmeras do mundo. O Papado era a obra do orgulho e da iniquidade; mas o Cristo não desampara os mais infelizes e os mais desgraçados, e foi assim que surgiram, no seio mesmo da igreja, alguns mestres do amor e da virtude, ensinando o caminho claro da evolução aos povos invasores, trazendo-os ao pensamento cristão, com vistas aos tempos luminosos do porvir.

17
A IDADE MEDIEVAL

17.1 Os mensageiros de Jesus

Em todo o século VI, de conformidade com as deliberações efetuadas no Plano Invisível, aparecem grandes vultos de sabedoria e bondade, contrastando a vaidade orgulhosa dos bispos católicos, que, em vez de herdarem os tesouros de humildade e amor do Crucificado, reclamaram para si a vida suntuosa, as honrarias e prerrogativas dos imperadores. Os chefes eclesiásticos, guindados à mais alta preponderância política, não se lembravam da pobreza e da simplicidade apostólicas, nem das palavras do Messias, que afirmara não ser o seu reino ainda deste mundo.

Todavia, nesse pantanal de ambições floresciam, igualmente, os lírios da misericórdia de Jesus, em sublimadas realizações de sacrifício e bondade. Espíritos heroicos e missionários, cuja maioria não se incorporou aos nomes da galeria histórica terrestre, exerceram a função de novos sacerdotes da ideia sagrada do Cristianismo, conservando-lhe o fogo divino para as futuras gerações do planeta. Subordinados, embora, à disciplina da igreja romana, eles ouviam, no ádito do coração, a palavra eterna e suave do Divino Jardineiro e sabiam, por isso, que a sua missão era a da renúncia, do sacrifício e da humildade. Roma podia negociar os títulos eclesiásticos com a política do mundo e estabelecer a simonia nos templos sagrados, esquecendo os mais severos compromissos; eles, porém, nas suas túnicas rotas, atravessariam o mundo alentando a palavra das promessas evangélicas, edificariam pousos de silêncio e de misericórdia, onde guardassem as tradições escritas da cultura sagrada, para os dias do porvir.

Desses exércitos de abnegados que se organizaram com Jesus e por Jesus, no seio da igreja, somos levados a destacar os missionários beneditinos, cujo esforço amoroso e paciente conduziu grande número de coletividades dos povos considerados bárbaros, principalmente os Germanos, para o seio generoso das ideias do Cristianismo.

17.2 O império bizantino

Depois da morte do imperador Teodósio, eis que o mundo conhecido se reparte em dois impérios – o do Ocidente e o do Oriente – divididos entre os seus dois filhos, Honório e Arcádio. Com o assalto dos Hérulos, em 476 desaparece o império ocidental e com ele, para sempre, os resquícios da integridade do império romano, instalando-se depois, em 493, o reino ostrogodo na Itália, tendo Ravena por capital.

Constantinopla é então a sucessora legítima da grande cidade imperial. O império bizantino era o depositário da legislação e dos costumes romanos. Um poderoso sopro de latinidade vitaliza as suas instituições. Debalde, porém, as expressões romanas buscam um refúgio nas outras terras, com o objetivo de uma perpetuação. Homens enérgicos, como Justiniano, não conseguem salvá-las. Forças ocultas e poderosas estavam incumbidas de sua visceral renovação, e, não obstante sua resistência milenar, o império bizantino, herdeiro dos césares, ia cair exânime, em 1453, ao assalto de *Maomet II*.

17.3 O Islamismo

Antes da fundação do Papado, em 607, as forças espirituais se viram compelidas a um grande esforço no combate contra as sombras que ameaçavam todas as consciências. Muitos emissários do Alto tomam corpo entre as falanges católicas, no intuito de regenerar os costumes da igreja. Embalde, porém, tentam operar o retorno de Roma aos braços do Cristo, conseguindo apenas desenvolver o máximo de seus esforços com vistas ao futuro, no penoso trabalho de arquivar experiências para as gerações vindouras.

Numerosos Espíritos se reencarnam com as mais altas delegações do Plano Invisível. Entre esses missionários, veio aquele que se chamou *Maomet*, ao nascer em Meca no ano 570. Filho da tribo dos Coraicritas, a sua missão era reunir todas as tribos árabes sob a luz dos ensinos cristãos, de modo a organizar-se na Ásia um movimento forte de restauração do Evangelho do Cristo, em oposição aos abusos romanos, nos ambientes da Europa. *Maomet*, contudo, pobre e humilde no começo de sua vida, que deveria ser de sacrifício e exemplificação, torna-se rico após o casamento com *Khadidja* e não resiste ao assédio dos

Espíritos da sombra, traindo nobres obrigações espirituais com as suas fraquezas. Dotado de grandes faculdades mediúnicas inerentes ao desempenho dos seus compromissos, muitas vezes foi aconselhado por seus mentores do Alto, nos grandes lances da sua existência, mas não conseguiu triunfar das inferioridades humanas. É por essa razão que o missionário do Islã deixa entrever, nos seus ensinos, flagrantes contradições. A par do perfume cristão que se evola de muitas das suas lições, há um espírito belicoso, de violência e de imposição; junto da doutrina fatalista encerrada no *Alcorão*, existe a doutrina da responsabilidade individual, divisando-se através de tudo isso uma imaginação superexcitada pelas forças do bem e do mal, num cérebro transviado do seu verdadeiro caminho. Por essa razão o Islamismo, que poderia representar um grande movimento de restauração do ensino de Jesus, corrigindo os desvios do Papado nascente, assinalou mais uma vitória das Trevas contra a Luz e cujas raízes era necessário extirpar.

17.4 As guerras do Islã

Maomet, nas recordações do dever que o trazia à Terra, lembrando os trabalhos que lhe competiam na Ásia, a fim de regenerar a igreja para Jesus, vulgarizou a palavra "infiel", entre as várias famílias do seu povo, designando assim os árabes que lhe eram insubmissos, quando a expressão se aplicava, perfeitamente, aos sacerdotes transviados do Cristianismo. Com o seu regresso ao Plano Espiritual, toda a Arábia estava submetida à sua doutrina, pela força da espada; e, todavia, os seus continuadores não se deram por satisfeitos com semelhantes conquistas. Iniciaram no exterior as *guerras santas*, subjugando toda a África setentrional, no fim do século VII. Nos primeiros anos do século imediato, atravessaram o estreito de Gibraltar, estabelecendo-se na Espanha, em vista da escassa resistência dos Visigodos atormentados pela separação, e somente não seguiram caminho além dos Pirineus porque o Plano Espiritual assinalara um limite às suas operações, encaminhando Carlos Martel para as vitórias de 732.

17.5 Carlos Magno

É depois dessa época que Jesus permite a reencarnação de um dos mais nobres imperadores romanos, ansioso de auxiliar o espírito europeu na sua amargurada decadência. Essa entidade renasceu, então, sob o nome de Carlos Magno, o verdadeiro reorganizador dos elementos dispersos para a fundação do mundo ocidental. Quase analfabeto, criou as mais vastas tradições de energia e de bondade, com a superioridade que lhe caracterizava o espírito equilibrado e altamente evolvido. Num reinado de 46 anos consecutivos, Carlos Magno intensificou a cultura, corrigiu defeitos administrativos que imperavam entre os povos desorganizados da Europa, deixando as mais belas perspectivas para a latinidade.

Sabe Jesus quanto de lágrimas lhe custou o cumprimento de uma tarefa dessa natureza, cujo desempenho exigia as mais altas qualidades de energia e de coração. Mas, antecipando as doces comoções que o aguardavam no Plano Espiritual, numerosos amigos invisíveis, que com ele haviam caminhado na Roma do direito e do dever, cercam-lhe a personalidade na noite do Natal do ano 800, quando o seu pensamento em prece se elevava a Jesus, na Basílica de São Pedro. Uma onda de vibrações harmoniosas invade o ambiente suntuoso, pouco propício às demonstrações da verdadeira espiritualidade. Leão III, o papa reinante, sente-se tocado por uma sensação de incompreensível arrebatamento espiritual, e, aproximando-se do grande batalhador do bem, cinge-lhe a fronte com uma coroa de ouro, enquanto a multidão designa-o, em vozes comovidas e entusiásticas, como *imperador dos romanos*.

Carlos Magno sente que aquela cidade era também dele. Parece-lhe voltar ao passado longínquo, contemplando a Roma do pretérito, cheia de dignidade e de virtude. Seu coração derrama lágrimas, como Jeremias sobre a Jerusalém das suas dores, agradecendo a Jesus os seus favores divinos.

Decorridos alguns anos sobre esse acontecimento, o grande imperador busca de novo as claridades do Além, para reconhecer que o seu esforço caía sobre as almas qual uma bênção, mas o império por ele organizado teria escassa duração.

17.6 O feudalismo

Depois das nobres conquistas atenienses em matéria de política administrativa, depois das grandes jornadas do direito romano à face do mundo, custa-se a entender o porquê do feudalismo, que se estendeu pela Europa, desde o século VIII até o século XII, figurando-se ao estudioso da História um como retrocesso de toda a civilização.

Toda a unidade política desaparece nesses tempos de luzidas lembranças para a Humanidade. A propriedade individual jamais alcançou tamanha importância e nunca a servidão moral ganhou tão forte impulso. Com semelhante regime, as lutas fratricidas tiveram campo largo no território europeu, disputando-se uma hegemonia que jamais chegava na equação dos movimentos bélicos. Somente as poucas qualidades cristãs da igreja católica conseguiram atenuar o caráter nefasto dessa situação, instituindo-se as chamadas *tréguas de Deus*, obrigando os guerreiros ao repouso em determinados dias da semana, com o objetivo de comemorar as passagens da vida de Jesus Cristo e defendendo-se a paz com a periódica cessação das hostilidades.

17.7 Razões do feudalismo

Esse regime, todavia, é facilmente explicável.

A missão de Carlos Magno houvera sido organizada pelo Plano Invisível como uma das mais vastas tentativas de reorganização do império do Ocidente, mas, observando-se a inutilidade do tentame, em virtude do endurecimento da maioria dos corações, as autoridades espirituais, sob a égide de Cristo, renovaram os processos educativos do mundo europeu, então no início da civilização atual, chamando todos os homens para a vida do campo, a fim de aprenderem melhor, no trato da terra e no contato da Natureza. Só o feudalismo podia realizar essa obra, e as suas normas, embora grosseiras, foram aproveitadas na escola penosa das aquisições espirituais, onde a reflexão e a sensibilidade iam surgir para a construção do edifício milenar da civilização do Ocidente.

18
OS ABUSOS DO PODER RELIGIOSO

18.1 Fases da igreja católica

Apesar dos numerosos desvios da igreja romana, que esquecera os princípios cristãos tão logo que chamada aos gabinetes da política do mundo, nunca o Catolicismo foi de todo abandonado pelas potências do bem, no Mundo Espiritual. Advertências inúmeras lhe foram enviadas em todos os tempos da sua vida histórica, pela Misericórdia do Cristo, condoído da impiedade de quantos, sob o seu nome, manchavam o altar dos templos.

Enquanto esteve subordinada aos imperadores de Constantinopla, a instituição católica trabalhou para libertar-se de semelhante tutela, procurando a mais ampla independência espiritual, somente conseguida depois do Papa Estêvão II, em 756, com a organização iníqua do chamado Patrimônio de São Pedro, constituído por territórios conquistados aos povos gregos, à força da espada. A esse tempo, os vários soberanos da época dispunham da igreja de acordo com os seus caprichos pessoais, conferindo dignidades eclesiásticas às consciências mais apodrecidas. A sede do Catolicismo se transformara em vasto mercado de títulos nobiliárquicos de toda a espécie. Até depois do século X, semelhante situação de descalabro moral marchava para a frente, num crescendo espantoso. Os Apóstolos do Divino Mestre, nas claridades do Infinito, deploram semelhantes espetáculos de indigência espiritual, determinando a reencarnação de numerosos auxiliares da tarefa remissora, nas hostes da regra de São Bento. Estes missionários da verdade e do bem operam a restauração do mosteiro de Cluny, de onde sairiam pensamentos novos e energias regeneradoras.

18.2 Gregório VII

Foi nesse movimento de restauração que Hildebrando, conhecido como Gregório VII, ouvindo as inspirações que lhe desciam ao coração, do Plano Invisível, preparou-se para a missão que o esperava no Vaticano. Sua figura é das mais importantes do século XI, pela fé e pela sinceridade que lhe caracterizaram as atitudes. Eleito papa, após a desencarnação de Alexandre II, reconheceu que as primeiras providências que lhe competiam eram as do combate ao simonismo no seio da instituição católica e as do restabelecimento da autoridade da igreja, que ele desejou sinceramente reconduzir ao seio do Cristianismo, embora as lutas sustentadas contra Henrique IV façam parecer o contrário. Convocando um concílio em Roma, no ano de 1074, procurou reprimir a enormidade de tantos abusos referentes ao mercado dos sacramentos e às honras eclesiásticas. Filipe I e Henrique IV prometem amparo e auxílio às decisões do pontífice, no sentido de regenerar a organização da igreja. Henrique IV, porém, prestigiado pelos bispos culpados de simonia, fugiu ao cumprimento da promessa e, depois de exortado por Gregório VII, tenta depô-lo, reunindo em Worms um sínodo de sacerdotes transviados. O papa excomunga o príncipe rebelado, ocorrendo então os célebres acontecimentos de Canossa. A luta ainda não havia terminado, quando Gregório VII se desprende do mundo em 1085, deixando, porém, o caminho preparado para a Concordata de Worms, que se realizaria em 1122 com Henrique V, com a independência da Igreja e a regeneração aproximada de sua disciplina.

18.3 As advertências de Jesus

Instalada nas suas imensas riquezas e dispondo de todo o poder e autoridade, a igreja poucas vezes compreendeu a tarefa de amor que competia à sua missão educativa.

Habituada a mandar sem restrições, muitas vezes recebeu as advertências de Jesus à conta de heresias condenáveis, que era preciso combater e profligar.

As exortações do Alto não se faziam sentir tão somente no seio das ordens religiosas, onde penitentes humildes proporcionavam aos seus orgulhosos superiores eclesiásticos as mais santas lições da piedade cristã. Também na sociedade civil as sementes de luz deixavam entrever os mais esperançosos rebentos de compreensão e de sabedoria, acerca do Evangelho e dos exemplos do Cristo. Neste caso está Pedro de Vaux, que, embora sendo um homem de negócios, em Lyon, desligou-se de todos os laços que o prendiam às humanas riquezas, despojando-se de todos os bens em favor dos pobres e necessitados, comovido com a leitura da exemplificação de Jesus no seu Evangelho de amor e redenção. Esse homem extraordinário, a quem fora cometida a missão de instrumento da vontade do Senhor, mandou traduzir os livros sagrados para leitura pública e, junto de outros companheiros que passaram à História com o nome de Valdenses, iniciou amplo movimento de pregações evangélicas, à maneira dos tempos apostólicos. Os *pobres de Lyon* foram excomungados, primeiramente pelo arcebispo da cidade e mais tarde, em 1185, pelo pontífice do Vaticano. A igreja não poderia tolerar outra doutrina que não a sua, feita de orgulho e mal disfarçada ambição. Qualquer lembrança verdadeira e sincera, do seu Divino Fundador, era tomada como heresia abominável e suscetível das mais severas punições. A verdade, porém, é que, se os Valdenses foram caluniados pelas forças católicas, suas pregações e apelos nunca mais desapareceram do mundo desde o século XI, porque, com vários nomes, as suas organizações subsistiram na Europa até a Reforma, não obstante os guantes de ferro da Inquisição.

18.4 Francisco de Assis

Os apelos do Alto continuaram a solicitar a atenção da igreja romana em todas as direções. As chamadas "heresias" brotavam por toda parte onde houvesse consciências livres e corações sinceros, mas as autoridades do Catolicismo nunca se mostraram dispostas a receber semelhantes exortações.

Havia terminado, em 1229, a guerra contra os hereges, cujos embates atravessaram o espaço de vinte anos, quando alguns chefes da Igreja consideraram a oportunidade da fundação do tribunal da penitência, cujos projetos de há muito preocupavam o pensamento do Vaticano.

Mascarar-se-ia o cometimento com o pretexto da necessidade de unificação religiosa, mas a realidade é que a instituição desejava dilatar o seu vasto domínio sobre as consciências.

Todavia, se a Inquisição preocupou longamente as autoridades da igreja, antes da sua fundação, o negro projeto preocupava igualmente o Espaço, onde se aprestaram providências e medidas de renovação educativa. Por isso, um dos maiores apóstolos de Jesus desceu à carne com o nome de Francisco de Assis. Seu grande e luminoso espírito resplandeceu próximo de Roma, nas regiões da Úmbria desolada. Sua atividade reformista verificou-se sem os atritos próprios da palavra, porque o seu sacerdócio foi o exemplo na pobreza e na mais absoluta humildade. A Igreja, todavia, não entendeu que a lição lhe dizia respeito e, ainda uma vez, não aceitou as dádivas de Jesus.

18.5 Os franciscanos

O esforço poderoso do missionário, todavia, se não conseguiu mudar a corrente de ambições dos papas romanos, deixou traços fulgurantes da sua passagem pelo planeta.

Seu exemplo de simplicidade e de amor, de singeleza e de fé contagiou numerosas criaturas, que se entregaram ao santo mister de regenerar almas para Jesus.

A ordem dos franciscanos chegou a congregar mais de duzentos mil missionários e seguidores do grande inspirado. Eles repeliam qualquer auxílio pecuniário, para aceitar tão somente os alimentos mais pobres e mais grosseiros, e o característico que mais os destacava das outras comunidades religiosas era o seu alheamento dos mosteiros. Em vez de repousarem à sombra dos claustros, na tranquilidade e na meditação, esses espíritos abnegados reconheciam que a melhor oração, para Deus, é a do trabalho construtivo, no aperfeiçoamento do mundo e dos corações.

18.6 A inquisição

Muito pouco valeram as lições do bem, diante do mal triunfante, porque em 1231 o tribunal da inquisição estava consolidado com Gregório IX. Esse instituto, ironicamente, nesse tempo não condenava os supostos culpados diretamente à morte – pena benéfica e consoladora em face dos martírios infligidos aos que lhe caíssem nos calabouços –, mas podia aplicar todos os suplícios imagináveis.

A repressão das "heresias" foi o pretexto de sua consolidação na Europa, tornando-se o flagelo e a desdita do mundo inteiro.

Longo período de sombras invadiu os departamentos da atividade humana. A penumbra dos templos era teatro de cenas amargas e sacrílegas. Crimes tenebrosos foram perpetrados ao pé dos altares, em nome d'Aquele que é Amor, Perdão e Misericórdia. A instituição sinistra da igreja ia cobrir a estrada evolutiva do homem com um sudário de trevas espessas.

18.7 A obra do Papado

Há quem tente justificar esses longos séculos de sombra, pelos hábitos e concepções daquele tempo. Mas, a verdade é que o progresso das criaturas poderia dispensar esse mecanismo de crimes monstruosos. Por isso, nos débitos romanos pesam essas responsabilidades tão tremendas quão dolorosas.

A Inquisição foi obra direta do Papado, e cada personalidade, como cada instituição, tem o seu processo de contas na Justiça Divina. Eis por que não podemos justificar a existência desse tribunal espantoso, cuja ação criminosa e perversa entravou a evolução da Humanidade por mais de seis longos séculos.

19
AS CRUZADAS E O FIM DA IDADE MÉDIA

19.1 As primeiras cruzadas

Reportando-nos ao século XI, as cruzadas nos merecem especial referência, dados os seus movimentos, característicos da época.

Desde Constantino que os lugares santos da Palestina haviam adquirido considerável importância para a Europa ocidental. Milhares de peregrinos visitavam anualmente a paisagem triste de Jerusalém, identificando os caminhos da Paixão de Jesus, ou os traços da vida dos Apóstolos. Enquanto dominavam na região os árabes de Bagdá ou do Egito, as correntes do turismo católico podiam buscar, sem receio, as paragens sagradas; mas a Jerusalém do século XI havia caído sob o poder dos turcos, que não mais toleraram a presença dos cristãos, expulsando-os dali com a máxima crueldade.

Semelhantes medidas provocam os protestos de todo o mundo católico do Ocidente e, no fim do século referido, preparam-se as primeiras cruzadas em busca da vitória contra o infiel. A primeira expedição que saiu dos centros mais civilizados, sob o comando de Pedro, o Eremita, não chegou a ausentar-se da Europa, dispersada que foi pelos Búlgaros e Húngaros. Todavia, em 1096, Godofredo de Bouillon com seus irmãos, Tancredo de Siracusa e outros chefes, depois de se reunirem em Constantinopla, demandaram Niceia, com um exército de 500.000 homens. Depois da queda dessa cidade, apoderaram-se de Antioquia, penetrando em Jerusalém com a palma do triunfo. Ali quiseram presentear Godofredo de Bouillon com a coroa de rei, mas o duque da Baixa Lorena parecia rever o vulto luminoso do Senhor do Mundo, cuja fronte fora aureolada com a coroa de espinhos, e considerou um sacrilégio o colocarem-lhe nas mãos um cetro de ouro, quando o Cristo tivera, tão somente, nas mãos augustas e compassivas, uma cana ignominiosa. Depois de muita relutância, aceitou apenas o título de *defensor do Santo Sepulcro*, organizando-se logo em seguida as ordens religiosas de caráter exclusivamente militar, como a dos Templários e a dos Hospitalários.

Os turcos, porém, não descansaram. Depois de muitas lutas, apossaram-se de Edessa, obrigando o papa Eugênio III a providenciar a segunda cruzada, que, chefiada por Luís VII da França e Conrado III da Alemanha, teve os mais desastrosos efeitos.

19.2 Fim das cruzadas

Em fins do século XII Jerusalém cai em poder de Saladino. Os príncipes cristãos do Ocidente preparam-se para a terceira cruzada, assinalando-se as vitórias de São

João d'Acre. As lutas no Oriente sucederam-se anos a fio como furacões periódicos e devastadores. A Palestina possuía, até então, os seus recantos maravilhosos de verdura abundante. A Galileia era um vasto jardim, cheio de perfume e de flores, mas tantos foram os embates dos exércitos inimigos, tantas as lutas de extermínio e de ambição, que a própria Natureza pareceu maldizer para sempre os lugares que mereciam o amor e o carinho dos homens.

As últimas cruzadas foram dirigidas por Luís IX, o rei santo de França que, depois da tomada de Damieta, caiu em poder dos inimigos, pagando fabuloso resgate e vindo a desprender-se da vida terrestre em 1270, defronte de Túnis, vitimado pela peste.

Os mensageiros de Jesus, que de todos os acontecimentos sabem extrair os fatores da evolução humana para o bem, buscam aproveitar a utilidade desses acontecimentos dolorosos. Foi por essa razão que as cruzadas, não obstante o seu caráter anticristão, fizeram-se acompanhar de alguns benefícios de ordem econômica e social para todos os povos. Na Europa a sua influência foi regeneradora, enfraquecendo a tirania dos senhores feudais e renovando a solução dos problemas da propriedade, conjurando muitas lutas isoladas. Além disso, os seus movimentos intensificaram, sobremaneira, as relações do Ocidente com o Oriente, apenas paralisadas mais tarde, em vista da ferocidade dos turcos e dos invasores mongóis.

19.3 O esforço dos emissários do Cristo

No Infinito, reúnem-se os emissários do Divino Mestre, em assembleias numerosas, sob a égide do seu pensamento misericordioso, organizando novos trabalhos para a evolução geral de todos os povos do planeta. Lamentam a inabilidade de muitos missionários do bem e do amor que, partindo dos Espaços, saturados dos melhores e mais santos propósitos, experimentam no orbe a traição das próprias forças, influenciados pela imperfeição rude do meio a que foram conduzidos. Muitos deles se deixavam deslumbrar pelas riquezas efêmeras, mergulhando no oceano das vaidades dominadoras, estacionando nos caminhos evolutivos, e outros, como Luís IX, de França, excediam-se no poder e na autoridade, cometendo atos de quase selvajaria, cumprindo os seus sagrados deveres espirituais com poucos benefícios e amplos prejuízos gerais para as criaturas.

Mas, compelidas pelas leis do amor que regem o Universo, essas entidades compassivas jamais negaram do Alto o seu desvelado concurso a favor do progresso dos povos, procurando aperfeiçoar as almas e guiando os missionários do Cristo através dos mais espinhosos caminhos.

19.4 Pobreza intelectual

No século XIII, estava definitivamente instalado o governo real, desaparecendo as mais fortes expressões do feudalismo. Cada região europeia tratava de concatenar todos os elementos precisos à organização de sua unidade política, mas a verdade é que os meios escassos de instrução não permitiam uma existência intelectual mais avançada.

Os Estados, que se levantavam, organizavam as suas construções à sombra da igreja, que tinha interesse em não dilatar os domínios da educação individual, receosa de interpretações que não fossem propriamente dela. Os pergaminhos custavam verdadeiras fortunas e o livro era dificilmente encontrado. Até o século XII as escolas estavam circunscritas ao ambiente dos monastérios, onde muitos padres se ocupavam de avivar a letra dos manuscritos mais antigos, produzindo outros para a posteridade. A ciência, cuja linha ascensional guarda o seu ponto de princípio na curiosidade ou na dúvida, bem como a filosofia, que se constitui das mais altas indagações espirituais, estavam totalmente escravizadas à teologia, então senhora absoluta de todas as atividades do homem, com poderes de vida e morte sobre as criaturas, considerando-se os direitos absurdos do tribunal da inquisição, depois do século XIII, quando, sob a inspiração do Alto, já se haviam fundado universidades importantes como as de Paris e de Bolonha, que serviram de modelo às de Oxford, Coimbra e Salamanca.

19.5 Renascimento

A esse tempo opera-se um verdadeiro renascimento na vida intelectual dos povos mais evolvidos do mundo europeu. A universidade se constituía de quatro faculdades – Teologia, Medicina, Direito e Artes – reunindo milhares de inteligências ávidas de ensino, que seriam os grandes elementos de preparação do porvir. Roger Bacon, franciscano inglês, notável por seus estudos e iniciativas, é um dos pontos culminantes dessa renascença espiritual. A igreja, contudo, proibindo o exame e a livre opinião, prejudicou esse surto evolutivo, máxime no capítulo da Medicina, que, desprezando a observação atenta de todos os fatos, se entregou à magia, com sérios prejuízos para as coletividades. Favorecida pela necessidade dos panoramas imponentes do culto externo da religião e pela fortuna particular, a Arquitetura foi a mais cultivada de todas as artes, em vista das grandes e numerosas construções então em voga. Com a influência indireta dos guias espirituais dos vários agrupamentos de povos, consolidam-se as expressões linguísticas de cada país, formando-se as grandes tradições literárias de cada região.

19.6 Transmigrações de povos

É então que inúmeros mensageiros de Jesus, sob a sua orientação, iniciam um largo trabalho de associação dos Espíritos, de acordo com as tendências e afinidades, a fim de formarem as nações do futuro, com a sua personalidade coletiva. A cada uma dessas nacionalidades seria cometida determinada missão no concerto dos povos futuros, segundo as determinações sábias do Cristo, erguendo-se as bases de um mundo novo, depois de tantos e tão continuados desastres da fraqueza humana. Constroem-se os alicerces dos grandes países como a Inglaterra, que, em 1258, organiza os Estatutos de Oxford, limitando os poderes de Henrique III, e em 1265 erige a Câmara dos Comuns, onde a burguesia e as classes menos favorecidas têm a palavra com a Câmara dos Lordes. A Itália prepara-se para a sua missão de latinidade. A Alemanha se organiza. A Península Ibérica é imensa oficina de trabalho e a França ensaia os passos definitivos para a sabedoria e para a beleza.

A atuação do Mundo Espiritual proporciona à história humana a perfeita caracterização da alma coletiva dos povos. Como os indivíduos, as coletividades também voltam ao mundo, pelo caminho da reencarnação. É assim que vamos encontrar antigos fenícios na Espanha e em Portugal, entregando-se de novo às suas predileções pelo mar. Na antiga Lutécia, que se transformou na famosa Paris do Ocidente, vamos achar a alma ateniense nas suas elevadas indagações filosóficas e científicas, abrindo caminhos claros ao direito dos homens e dos povos. Andemos mais um pouco e acharemos na Prússia o espírito belicoso de Esparta, cuja educação defeituosa e transviada construiu o espírito detestável do pangermanismo na Alemanha da atualidade. Atravessemos a Mancha e deparar-se-nos-á na Grã-Bretanha a edilidade romana, com a sua educação e a sua prudência, retomando de novo as rédeas perdidas do império romano, para beneficiar as almas que aguardaram, por tantos séculos, a sua proteção e o seu auxílio.

19.7 Fim da Idade Medieval

Do Plano Invisível e em todos os tempos, os Espíritos abnegados acompanharam a Humanidade em seus dias de martírio e glorificação, lutando sempre pela paz e pelo bem de todas as criaturas.

Referindo-nos, de escantilhão, à nobre figura de Joana d'Arc, que cumpriu elevada missão adstrita aos princípios de justiça e de fraternidade na Terra, e às guerras dolorosas que assinalaram o fim da Idade Medieval, registamos[6] aqui, que, com as conquistas tenebrosas de Gengis Khan e

[6] N.E.: Ver nota no capítulo 11.

de Tamerlão e com a queda de Constantinopla, em 1453, que ficou para sempre em poder dos turcos, verificava-se o término da época medieval. Uma nova era ia nascer para a Humanidade terrestre, com a assistência contínua do Cristo, cujos olhos misericordiosos acompanham a evolução dos homens, lá dos arcanos do Infinito.

20
RENASCENÇA DO MUNDO

20.1 Movimentos regeneradores

Nos albores do século XV, quando a idade medieval estava prestes a extinguir-se, grandes assembleias espirituais se reúnem nas proximidades do planeta, orientando os movimentos renovadores que, em virtude das determinações do Cristo, deveriam encaminhar o mundo para uma nova era.

Todo esse esforço de regeneração efetuava-se sob o seu olhar misericordioso e compassivo, derramando sua luz em todos os corações. Mensageiros devotados reencarnam no orbe, para desempenho de missões carinhosas e redentoras. Na Península Ibérica, sob a orientação da personalidade de Henrique de Sagres, incumbido de grandes e proveitosas realizações, fundam-se escolas de navegadores que se fazem ao grande oceano, em busca de terras desconhecidas. Numerosos precursores da Reforma surgem por toda a parte, combatendo os abusos de natureza religiosa. Antigos mestres de Atenas reencarnaram na Itália, espalhando nos departamentos da pintura e da escultura as mais belas joias do gênio e do sentimento. A Inglaterra e a França preparam-se para a grande missão democrática que o Cristo lhes conferira. O comércio se desloca das águas estreitas do Mediterrâneo para as grandes correntes do Atlântico, procurando as estradas esquecidas para o Oriente. Jesus dirige essa renascença de todas as atividades humanas, definindo a posição dos vários países europeus, e investindo cada qual com determinada responsabilidade na estrutura da evolução coletiva do planeta. Para facilitar a obra extraordinária dessa imensa tarefa de renovação, os auxiliares do Divino Mestre conseguem ambientar na Europa antigas invenções e utilidades do Oriente, como a bússola, para as experiências marítimas e o papel, para a divulgação do pensamento.

20.2 Missão da América

O Cristo localiza, então, na América as suas fecundas esperanças. O século XVI alvorece com a descoberta do novo continente, sem que os europeus, de modo geral, compreendessem, na época, a importância de semelhante acontecimento. As riquezas fabulosas da Índia deslumbram o espírito aventureiro daquele tempo, e as testas coroadas do Velho Mundo não entenderam a significação moral do continente americano.

Os operários de Jesus, porém, abstraídos da crítica ou do aplauso do mundo, cumprem os seus grandes deveres junto das novas terras. Sob a determinação superior, organizam as linhas evolutivas das nacionalidades que aí teriam de florescer no porvir. Nesse campo de lutas novas e regeneradoras, todos os Espíritos de boa vontade poderiam trabalhar pelo advento da paz e da fraternidade do futuro humano, e foi por isso que, laborando para os séculos porvindouros, definiram o papel de cada região no continente, localizando o cérebro da nova civilização no local onde hoje se alinham os Estados Unidos da América do Norte, e o seu coração nas extensões da terra farta e acolhedora onde floresce o Brasil, na América do Sul. Os primeiros guardam os poderes materiais; o segundo detém as primícias dos poderes espirituais, com vistas à civilização planetária do futuro.

20.3 O Plano Invisível e a colonização do Novo Mundo

Após a descoberta da América, grande esforço de seleção espiritual foi levado a efeito no seio das lutas europeias, no intuito de criar no Novo Mundo um outro sentido de evolução.

Se os colonizadores da região americana, nos primeiros tempos, eram os degredados ou os proscritos das sociedades europeias, importa considerar que esses colonos não vinham tão somente das grandes capitais do antigo continente, na exclusiva observância do plano material. Do Mundo Invisível, igualmente, partiram caravanas inúmeras de almas de boa vontade, que encarnaram nas terras novas, como filhos daqueles degredados muitas vezes perseguidos pela iniquidade da justiça dos homens. A esses Espíritos mais ou menos adiantados, aliaram-se numerosas entidades da Europa, cansadas das lutas inglórias de hegemonia e de ambição, buscando a redenção no esforço construtivo de uma nova pátria em bases sólidas de fraternidade e amor, organizando-se, desse modo, entre os povos americanos, códigos e sentimentos mais aperfeiçoados, dentro da compreensão da comunidade continental. Se reconhecemos na América a projeção espiritual da Europa, temos de convir que se trata de uma Europa mais sábia e mais experiente, não só quanto aos problemas da concórdia internacional e da solidariedade humana, como também em todas as questões que significam os verdadeiros bens da vida.

20.4 Apogeu da Renascença

Essa renascença, iniciada do Alto, projetando na Terra as suas claridades renovadoras em todas as direções, chegou ao seu auge, no plano material, em fins do século XV, até o século XVI.

A invenção da imprensa facultava o mais alto progresso no mundo das ideias, criando as mais belas expressões de vida intelectual. A literatura apresenta uma vida nova e as artes atingem culminâncias que a posteridade não poderia alcançar. Numerosos artífices da Grécia antiga, reencarnados na Itália, deixam traços indeléveis da sua passagem, nos mármores preciosos. Há mesmo, em todos os departamentos das atividades artísticas, um pronunciado sabor da vida grega, anterior às disciplinas austeras do Catolicismo na idade medieval, cujas regras, aliás, atingiam rigorosamente apenas quem não fosse parte integrante do quadro das autoridades eclesiásticas.

20.5 Renascença religiosa

A essas atividades reformadoras não poderia escapar a igreja, desviada do caminho cristão. O Plano Invisível determina, assim, a vinda ao mundo de numerosos missionários com o objetivo de levar a efeito a renascença da Religião, de maneira a regenerar os seus relaxados centros de força. É assim que, no século XVI, aparecem as figuras veneráveis de Lutero, Calvino, Erasmo, Melanchton e outros vultos notáveis da Reforma, na Europa Central e nos Países Baixos.

Por ocasião dos primeiros protestos contra o fausto desmedido dos príncipes da Igreja, ocupava a cadeira pontifícia Leão X, cuja vida mundana impressionava desagradavelmente os espíritos sinceramente religiosos. Sob a sua direção criara-se, em 1518, o célebre *Livro das taxas da sagrada chancelaria e da sagrada penitenciária apostólica*, onde se encontrava estipulado o preço de absolvição para todos os pecados, para todos os adultérios, inclusive os crimes mais hediondos. Tais rebaixamentos da dignidade eclesiástica ambientaram as pregações de Lutero e seus companheiros de apostolado. De nada valeram as perseguições e ameaças ao eminente frade agostiniano. Alguns historiadores enxergaram na sua missão uma simples expressão de despeito dos seus companheiros de comunidade, em face da preferência de Leão X encarregando os dominicanos da pregação das indulgências. A verdade, contudo, é que o humilde filho de Eisleben tornara-se órgão da repulsa geral aos abusos da igreja, no capítulo da imposição dogmática e da extorsão pecuniária. Os postulados de Lutero constituíram, antes de tudo, uma modalidade de combate aos absurdos romanos, sem representarem o caminho ideal para as verdades religiosas. Ao extremismo do abuso, respondia com o extremismo da intolerância, prejudicando a sua própria doutrina. Mas o seu esforço se coroou de notável importância para os caminhos do porvir.

20.6 A Companhia de Jesus

Uma onda de claridades novas felicitava todas as consciências, mas os Espíritos tenebrosos e pervertidos, que mostraram ao europeu outras aplicações da pólvora, além daquelas que os chineses haviam enxergado na beleza dos fogos de artifício, inspiraram ao cérebro obcecado e doentio de Inácio de Loiola a fundação do Jesuitismo, em 1534, colimando reprimir a liberdade das consciências.

A igreja, estendendo mão forte a essa ideia, inaugurava um dos períodos mais tristes da história ocidental. O Tribunal da Inquisição, com poderes de vida e morte nos países católicos, fez milhares e milhares de vítimas, ensombrando o caminho dos povos. Espetáculos sangrentos e detestáveis verificaram-se em quase todas as grandes cidades da Europa, os autos de fé acenderam horrendas fogueiras do Santo Ofício, por toda parte onde existissem cérebros que pensassem e corações que sentissem. Instituiu-se a devassa de todos os institutos sociais e a violação de todos os lares. Na Espanha, queimavam o infeliz na praça pública; na França, tétrica noite causava pesadelos coletivos em matéria de fé; na Irlanda, muitos "fiéis" faziam questão de levar ao altar de Jesus a vela feita da gordura dos protestantes.

20.7 Ação do Jesuitismo

A Companhia de Jesus, de nefasta memória, não procurava conhecer os meios, para cogitar tão somente dos fins imorais a que se propunha.

Sua ação desdobrou-se por largos anos de treva, nos domínios da civilização ocidental, contribuindo amplamente para o atraso moral em que se encontra o *homem científico* dos tempos modernos.

Suas hordas de predomínio, de cupidez e de ambição não martirizaram apenas o mundo secular. Também os padres sinceros sofreram largamente sob a sua preponderância nefasta. Tanto assim que, quando o papa Clemente XIV tentou extingui-la, em 1773, com o seu breve *Dominus ac Redemptor*, exclamava desolado: "Assino minha sentença de morte, mas obedeço à minha consciência". Com efeito, em setembro de 1774, o grande pontífice entregava a alma a Deus, no meio dos mais horrorosos padecimentos, vitimado por um veneno letal que lhe apodreceu lentamente o corpo.

21
ÉPOCA DE TRANSIÇÃO

21.1 As lutas da Reforma

Debalde a Dieta de Worms, em 1521, condenara Lutero como herege, levando-o a refugiar-se em Wartburgo, porque as suas ideias libertárias acenderam uma nova luz, propagando-se com a rapidez de um incêndio.

A igreja começou a sofrer os golpes mais fortes e mais dolorosos, porque alguns príncipes ambiciosos se aproveitaram do movimento das massas, confiscando-lhe bens preciosos. Numerosos camponeses, empolgados pelos direitos do pensamento livre, iniciaram grande campanha contra a igreja usurpadora, exigindo reformas agrárias e sociais, em nome do Evangelho.

De 1521 a 1555, os centros cultos europeus viveram momentos de angustiosas expectativas nos bastidores da tragédia religiosa, mas, depois da Concordata de Augsburgo, instituiu-se um regime da mais larga tolerância recíproca.

O direito do exame livre, porém, dividiu a Reforma em vários departamentos religiosos, de acordo com a orientação pessoal de seus pregadores, ou das conveniências políticas do meio em que viviam. Na Alemanha era o Protestantismo, com os partidários dos princípios de Martinho Lutero; na Suíça e na França era o Calvinismo e, na Escócia, a Igreja Presbiteriana. Na Inglaterra, a questão veio a tornar-se mais grave. Henrique VIII, defensor extremado da fé católica, a princípio, por conveniência de caprichos pessoais tornou-se o chefe do poder político e religioso, assumindo a direção da Igreja Anglicana e desligando-se do Catolicismo. Na França, os huguenotes se encontravam muito bem organizados, mas surgem as complicações de natureza política, e o gênio despótico de Catarina de Médici ordena a matança de São Bartolomeu, no intuito de eliminar o almirante Coligny. O movimento sinistro, que durou 48 horas, começou em 24 de agosto de 1572, sofrendo a *Reforma* um dos seus mais amargos reveses. Somente em Paris e subúrbios, foram eliminadas três mil pessoas.

Os mensageiros do Cristo deploram tão dolorosos acontecimentos, trabalhando por despertar a consciência geral, arrancando-a daquela alucinação de morticínio e sangue, mas precisamos considerar que cada homem, como cada coletividade, pode cumprir seus deveres ou agravar suas responsabilidades próprias, na esfera de sua liberdade relativa.

21.2 A invencível armada

As lutas na Europa, em todo o século XVI, longe de colimar um fim, dilatavam-se em guerras tenebrosas, mergulhando os povos do Velho Mundo num terrível círculo vicioso de reencarnações e resgates dolorosos.

Como se não bastassem as guerras religiosas, que trabalhavam o organismo europeu desde muitos anos, surge a figura de um príncipe fanático e cruel, na poderosa Espanha de então, complicando a existência política das coletividades europeias. As lutas de Filipe II, sucessor de Carlos V, prendiam-se, de algum modo, aos problemas da Reforma protestante; mas, acima de tudo, colocava ele a sua ambição e o seu despotismo. Animado com as vitórias sobre os turcos e os muçulmanos, procurou reprimir a liberdade política dos Países Baixos, encontrando a mais heroica resistência. Suas atividades maléficas, mascaradas com a defesa do Catolicismo, espalhavam-se por toda a parte, obrigando o Plano Espiritual a coibir-lhe os imensuráveis abusos do poder. Foi assim que, havendo organizado a Invencível Armada, no ano de 1588, composta de mais de uma centena de navios equipados com 2.000 canhões e 35.000 homens, a fim de atacar a Inglaterra sem motivo que justificasse semelhante agressão, viu essa poderosa esquadra destruída totalmente por uma tempestade aniquiladora. De conformidade com as providências do Plano Invisível, apenas aportaram às costas inglesas os espíritos pacíficos, compelidos pela força a participarem da armada destruída, e que foram lá recebidos generosamente, encontrando uma nova pátria.

Se Henrique VIII havia errado como homem, o povo inglês estava preparado para o cumprimento de uma grande missão, e ao Mundo Espiritual competia trabalhar pela preservação dos seus patrimônios de liberdade política.

21.3 Guerras religiosas

A Europa, não obstante o amparo e a assistência dos abnegados mensageiros do Cristo, transportou-se ao século XVII no meio de lutas espantosas, agora agravadas com as tenebrosas criações do Tribunal da Penitência. Quase se pode afirmar que os únicos jesuítas dignos do nome de sacerdotes de Jesus foram aqueles que vieram para as regiões desconhecidas da América, no cumprimento dos mais nobres deveres de fraternidade humana, porque a quase totalidade da Companhia, no Velho Mundo, mergulhou num oceano de tricas políticas, muitas vezes rematadas em tragédias criminosas.

As guerras de natureza religiosa estavam longe de terminar, dada a rebeldia de todos os elementos, e foi com penosos esforços que os emissários do Alto conduziram as coletividades europeias ao Tratado de Westphalia, em 1648, consolidando as vitórias do Protestantismo, em face das imposições injustificáveis do Jesuitismo.

21.4 A França e a Inglaterra

A esse tempo, a França já se encontrava preparada para o cumprimento da sua grande missão junto dos povos, e, sob a influência do Plano Invisível, criavam-se os serviços benéficos da diplomacia. Nos bastidores da sua política administrativa, firmavam-se os princípios do absolutismo no trono, mas a sua grande alma coletiva, cheia de sentimento e generosidade, já vislumbrava o precioso esforço que lhe competia no porvir. Ao seu lado, a Grã-Bretanha caminhava, a passos largos, para as mais nobres conquistas humanas. Extinta, em 1603, a dinastia dos Tudors, eleva-se ao trono o rei da Escócia, Jaime I. Desejando reviver os princípios absolutistas, o descendente dos Stuarts inaugurou um período de nefastas perseguições, o qual foi intensificado por seu filho Carlos I, cujas disposições políticas se constituíam das mais avançadas tendências para a tirania. Rompendo com o Parlamento e dissolvendo-o, vezes consecutivas, viu o povo da capital inglesa de armas na mão, em defesa dos seus representantes, ensejando uma guerra civil que durou vários anos e só terminada com a ação de Cromwell, que, de acordo com o Parlamento, estabelece a República da qual se torna o *Lorde Protetor*. Cromwell era um espírito valoroso, mas, embriagado com o vinho sinistro do despotismo, foi também um ditador vingativo, fanático e cruel. Depois da sua morte, em face da incapacidade política do filho, verifica-se a restauração do trono com os Stuarts. O governo destes teria, porém, pouca duração, porque os ingleses, desgostosos com a administração de Jaime II, e no seu tradicional amor à liberdade, chamam Guilherme de Orange ao poder. O Parlamento redige a famosa declaração de direitos, definindo a emancipação do povo e limitando os poderes reais, elevando-se ao trono Guilherme III com a revolução de 1688. A Inglaterra havia cumprido um dos seus mais nobres deveres, consolidando as fórmulas do parlamentarismo, porque assim todas as classes eram chamadas à cooperação e fiscalização dos governos.

21.5 Refúgio da América

Considerando o movimento das responsabilidades gerais e isoladas, o Plano Invisível, sob a orientação de Jesus, conduzia para a América todos os Espíritos sinceros e trabalhadores, que não necessitassem de reencarnações no mundo europeu, onde indivíduos e coletividades se prendiam, cada vez mais, na cadeia das existências de provações expiatórias.

Para o hemisfério do Novo Mundo afluíam todas as entidades conclamadas à organização do progresso futuro. Muitas dessas personalidades haviam adquirido o senso da fraternidade e da paz, depois de muitas lutas no antigo continente. Exaustas de procurar a felicidade nos limites estreitos dos sentimentos exclusivistas, sentiam no íntimo as generosas florações de reformas edificantes, compreendendo a verdadeira solidariedade, na comunidade universal. Foi por essa razão quc, desde os seus primórdios, as organizações políticas do continente americano se tornaram baluartes de paz e de fraternidade para o orbe inteiro. É que a permanência no seu solo e nas luzes ocultas do seu clima social era considerada por todos os Espíritos como uma bênção de Deus, em face das sucessivas inquietações europeias.

21.6 Os enciclopedistas

O século XVIII iniciou-se entre lutas igualmente renovadoras, mas elevados Espíritos da Filosofia e da Ciência, reencarnados particularmente na França, iam combater os erros da sociedade e da política, fazendo soçobrar os princípios do direito divino, em nome do qual se cometiam todas as barbaridades.

Vamos encontrar nessa plêiade de reformadores os vultos veneráveis de Voltaire, Montesquieu, Rousseau, D'Alembert, Diderot, Quesnay. Suas lições generosas repercutem na América do Norte, como em todo o mundo. Entre cintilações do sentimento e do gênio, foram eles os instrumentos ativos do Mundo Espiritual, para regeneração das coletividades terrestres. Historiadores há que, numa característica mania de sensacionalismo, não se pejam de vir a público asseverar que esses espíritos estudiosos e sábios se encontravam a soldo de Catarina II da Rússia, e dos príncipes da Prússia, contra a integridade da França; mas semelhantes afirmativas representam injúrias caluniosas que apenas afetam os que as proferem, porque foi dos sacrifícios desses corações generosos que se fez a fagulha divina do pensamento e da liberdade, substância de todas as conquistas sociais de que se orgulham os povos modernos.

21.7 A independência americana

As ideias nobilitantes dos autores da enciclopédia e das novas teorias sociais haviam encontrado o mais franco acolhimento nas colônias inglesas da América do Norte, organizadas e educadas no espírito de liberdade da pátria do parlamentarismo.

O Mundo Invisível aproveita, desse modo, a grande oportunidade, deliberando executar nas terras novas os grandes princípios democráticos pregados pelos filósofos e pensadores do século XVIII. E enquanto a Inglaterra desrespeita, para com as suas colônias, o grande princípio por ela própria firmado, de que "ninguém deve pagar contribuições sem as ter votado", os americanos resolvem proclamar a sua independência política. Depois de alguns incidentes com a metrópole, celebram a sua emancipação em 4 de julho de 1776, organizando-se, posteriormente, a Constituição de Filadélfia, modelo dos códigos democráticos do porvir.

22
A REVOLUÇÃO FRANCESA

22.1 A França do século XVIII

A independência americana acendera o mais vivo entusiasmo no ânimo dos franceses, humilhados pelas mais prementes dificuldades, depois do extravagante reinado de Luís XV.

O luxo desenfreado e os abusos do clero e da nobreza, em proporções espantosas, haviam ambientado todas as ideias livres e generosas dos enciclopedistas e dos filósofos, no coração torturado do povo. A situação das classes proletárias e dos lavradores caracterizava-se pela mais hedionda miséria. Os impostos aniquilavam todos os centros de produção, salientando-se que os nobres e os padres encontravam-se isentos desses deveres. Desde 1614, não mais se haviam reunido os Estados-Gerais, fortalecendo-se, cada vez mais, o absolutismo monárquico.

De nada valera o esforço de Luís XVI, convidando os espíritos mais práticos e eminentes, para colaborar na sua administração, como Turgot e Malesherbes. O bondoso monarca, que tudo fazia para reerguer a realeza de sua queda lamentável, em face dos excessos do seu predecessor no trono, mal sabia, na sua pouca experiência dos homens e da vida, que uma era nova começava para o mundo político do Ocidente, com transformações dolorosas que lhe exigiriam a sua própria vida.

Reunidos, em maio de 1789 os Estados-Gerais, em Paris, observam-se os maiores desentendimentos entre os seus membros, não obstante a boa vontade e a cooperação de Necker, em nome do rei. Transformada a reunião em Assembleia Constituinte, precedida de numerosos incidentes, inicia-se a revolução instigada pela palavra de Mirabeau.

22.2 Época de sombras

Derrubada a Bastilha em 14 de julho de 1789 e após a célebre *Declaração dos Direitos do Homem e do Cidadão*, uma série de reformas se verifica em todos os departamentos da vida social e política da França.

Aquelas renovações, todavia, preludiavam os mais dolorosos acontecimentos. Famílias numerosas aproveitavam a trégua, buscando o acolhimento de países vizinhos, e o próprio Luís XVI tentou atravessar a fronteira, sendo preso em Varenes e reconduzido a Paris.

Um mundo de sombras invadia as consciências da França generosa, chamada, naquela época, pelo Plano Espiritual, ao cumprimento de uma sagrada missão junto à Humanidade sofredora. Cabia-lhe tão somente aproveitar as conquistas inglesas, no sentido de quebrar o cetro de absolutismo da realeza, organizando um novo processo administrativo na renovação dos organismos políticos do orbe, de acordo com as lições generosas e sábias dos seus filósofos e pensadores.

Todavia, se alguns Espíritos se encontravam preparados para a jornada heroica daquele fim de século, muitas outras personalidades, infelizmente, espreitavam na treva o momento psicológico para saciar a sua sede de sangue e de poder. Foi assim que, depois de muitas figuras notáveis do princípio da revolução surgiram espíritos tenebrosos, como Robespierre e Marat. A volúpia da vitória generalizou uma forte embriaguez de morticínio no ânimo das massas, conduzindo-as aos mais nefastos acontecimentos.

22.3 Contra os excessos da revolução

A revolução francesa, desse modo, foi combatida imediatamente pelas outras nacionalidades da Europa, que, sob a orientação de Pitt, ministro da Inglaterra, sustentaram contra ela, e por largos anos, uma luta de morte.

A Convenção Nacional, apesar das garantias que a constituição de 1791 oferecia à pessoa do rei, decretou a sua morte na guilhotina, verificando-se a sua execução aos 21 de janeiro de 1793, no local da atual Praça da Concórdia. Em vão, tenta Luís XVI justificar a sua inocência ao povo de Paris, antes que o carrasco lhe decepasse a cabeça. As palavras mais sinceras afluem-lhe aos lábios, suplicando a atenção de seus súditos, numa onda de lágrimas e de sentimentos que lhe burburinhavam no coração, não obstante a sua calma aparente. Renovam-se as ordens aos guardas do cadafalso e rufam os tambores, com estrépito, abafando as suas afirmativas.

A França atraía para si as mais dolorosas provações coletivas, nessa torrente de desatinos. Com a influência inglesa, organiza-se a primeira coligação europeia contra o nobre país.

Mas, não somente nos gabinetes administrativos da Europa se processavam providências reparadoras. Também no Mundo Espiritual reúnem-se os gênios da latinidade, sob a bênção de Jesus, implorando a sua proteção e misericórdia para a grande nação transviada. Aquela que fora a corajosa e singela filha de Domrémy volta ao ambiente da sua antiga pátria, à frente de grandes exércitos de espíritos consoladores, confortando as almas aflitas e aclarando novos caminhos. Numerosas caravanas de seres flagelados, fora do cárcere material, são por ela conduzidos às plagas da América, para as reencarnações regeneradoras, de paz e de liberdade.

22.4 O período do Terror

A lei das compensações é uma das maiores e mais vivas realidades do Universo. Sob as suas disposições sábias e justas, a cidade de Paris teria de ser, ainda por muito tempo, o teatro de trágicos acontecimentos. Foi desse modo que se instalou o hediondo tribunal revolucionário e a chamada junta de salvação pública, com os mais sinistros espetáculos do patíbulo. A consciência da França viu-se envolvida em trevas espessas. A tirania de Robespierre ordenou a matança de numerosos companheiros e de muitos homens honestos e dignos. Em vão, Carlota Corday havia procurado atenuar os excessos dos assassinos, entregando-se aos desvarios do crime, na residência de Marat, com o propósito de restituir a liberdade ao povo de sua terra e expiando o seu ato extremo com a própria vida. Ocasiões houve em que subiram ao cadafalso mais de vinte pessoas por dia, mas Robespierre e seus partidários não tardaram muito a subir igualmente os degraus do patíbulo, em face da reação das massas anônimas e sofredoras.

22.5 A Constituição

Depois de grandes lutas com o domínio das sombras, conseguem os gênios da França inspirar aos seus homens públicos a Constituição de 1795. Os poderes legislativos ficavam entregues ao *Conselho dos quinhentos* e ao *Conselho dos anciãos*, ficando o poder executivo confiado a um Diretório composto de cinco membros.

Estabelece-se, dessa forma, uma trégua de paz, aproveitada na reconstrução de obras notáveis do pensamento. Os centros militares lutavam contra os propósitos de invasão de outras potências europeias, cujos tronos se sentiam ameaçados na sua estabilidade, em face do advento das novas ideias do liberalismo, e os políticos se entregavam a uma vasta operosidade de edificação, coroando-se esse esforço com as mais nobres realizações.

Contudo, a França, depois dos seus desvarios de liberdade, estava ameaçada de invasão e desmembramento. Povos existem, porém, que se fazem credores da assistência do Alto, no cumprimento de suas elevadas obrigações junto de outras coletividades do planeta. Assim, com atribuições de missionário, foi Napoleão Bonaparte, filho de uma obscura família da Córsega, foi chamado às culminâncias do poder.

22.6 Napoleão Bonaparte

O humilde soldado corso, destinado a uma grande tarefa na organização social do século XIX, não soube compreender o significado da sua grandiosa missão. Bastaram as vitórias de Árcole e de Rívoli, com a paz de Campoformio, em 1797, para que a vaidade e a ambição lhe ensombrassem o pensamento.

A expedição ao Egito, muito antes de Waterloo, assinalava para o Mundo Espiritual a pouca eficácia do seu esforço, considerado o espírito de orgulho e de imperialismo que predominou nas suas energias transformadoras. Assediado pelo sonho de domínio absoluto, Napoleão foi uma espécie de *Maomet* transviado da França do liberalismo. Assim como o profeta do Islã pouco se aproximara do Evangelho, que a sua ação deveria validar, também as atividades de Napoleão pouco se aproximaram das ideias generosas que haviam conduzido o povo francês à revolução. A sua história está igualmente cheia de traços brilhantes e escuros, demonstrando que a sua personalidade de general esteve sempre oscilando entre as forças do mal e do bem. Com as suas vitórias, garantia a integridade do solo francês, mas espalhava a miséria e a ruína no seio de outros povos. No cumprimento da sua tarefa, organizava-se o Código Civil, estabelecendo as mais belas fórmulas do Direito, mas difundiam-se a pilhagem e o insulto à sagrada emancipação de outros, com o movimento de seus exércitos na absorção e anexação de vários povos.

Sua fronte de soldado pode estar laureada, para o mundo, de tradições gloriosas, e verdade é que ele foi um missionário do Alto, embora traído em suas próprias forças; mas, no Além, seu coração entendeu melhor a amplitude das suas obras, considerando providencial a pouca piedade da Inglaterra, que o exilou em Santa Helena, após o seu pedido de amparo e proteção. Santa Helena representou para o seu espírito o prólogo das mais dolorosas e mais tristes meditações, na vida do Infinito.

22.7 Allan Kardec

A ação de Bonaparte, invadindo as searas alheias com o seu movimento de transformação e conquistas, fugindo à sua finalidade de missionário da reorganização do povo francês, compeliu o Mundo Espiritual a tomar enérgicas providências contra o seu despotismo e vaidade orgulhosa. Aproximavam-se os tempos em que Jesus deveria enviar ao mundo o Consolador, de acordo com as suas doces promessas.

Apelos ardentes são dirigidos ao Divino Mestre, pelos gênios tutelares dos povos terrestres. Assembleias generosas se reúnem e confraternizam nos espaços, nas esferas mais próximas da Terra. Um dos mais lúcidos discípulos do Cristo baixa ao planeta, compenetrado de sua missão consoladora e, dois meses antes de Napoleão Bonaparte sagrar-se imperador, obrigando o papa Pio VII a coroá-lo na igreja de Notre Dame, em Paris, nascia Allan Kardec, aos 3 de outubro de 1804, com a sagrada missão de abrir caminho ao Espiritismo, a grande voz do Consolador prometido ao mundo pela misericórdia de Jesus Cristo.

23
O SÉCULO XIX

23.1 Depois da revolução

Afastado Napoleão dos movimentos políticos da Europa, adotam-se no Congresso de Viena, em 1815, as mais vastas providências para o ressurgimento dos povos europeus.

A diplomacia realiza memoráveis feitos, aproveitando as dolorosas experiências daqueles anos de extermínio e de revolução.

Luís XVIII, conde de Provença, irmão de Luís XVI, échamado ao trono francês, restabelecendo-se naquela mesma época antigas dinastias. Também a igreja é contemplada no grande inventário, restituindo-se-lhe os Estados onde fundara o seu reino perecível.

Um sopro de paz reanima aquelas coletividades esgotadas na luta fratricida, ensejando a intervenção indireta das forças invisíveis, na reconstrução do patrimônio dos grandes povos.

Muitas reformas, porém, se haviam verificado após os movimentos sanguinosos iniciados em 89. Mormente na França, semelhantes renovações foram as mais vastas e numerosas. Além de se beneficiar o governo de Luís XVIII com as imitações do sistema inglês, vários princípios liberais da Revolução foram adotados, tais como a igualdade dos cidadãos perante a lei, a liberdade de cultos, estabelecendo-se, a par de todas as conquistas políticas e sociais, um regime de responsabilidade individual no mecanismo de todos os departamentos do Estado. A própria igreja, habituada a todas as arbitrariedades na sua feição dogmática, reconheceu a limitação dos seus poderes junto das massas, resignando-se com a nova situação.

23.2 Independência política da América

A maioria dos povos do planeta, acompanhando o curso dos acontecimentos, procurou eliminar os últimos resquícios do absolutismo dos tronos, aproximando-se dos ideais republicanos ou instituindo o regime constitucional com a restrição de poderes dos soberanos.

A América, destinada a receber as sagradas experiências da Europa, para a civilização do futuro, busca aplicar os grandes princípios dos filósofos franceses à sua vida política, caminhando para a mais perfeita emancipação. Seguindo o exemplo das colônias inglesas, os quatro vice-reinados da Espanha procuraram lutar pela sua independência. No México, os patriotas não toleraram outra soberania além da sua própria e, no Sul, com a ação de Bolívar e com as deliberações do Congresso de Tucumã, em 1816, proclamava-se a liberdade política das províncias da América meridional. O Brasil, em 1822, erguia igualmente o seu brado de emancipação com Pedro I, sendo digno de notar-se o esforço do Plano Invisível na manutenção da sua integridade territorial, quando toda a zona sul do continente se repartia em pequenas repúblicas, atendendo-se à missão generosa do povo brasileiro, na civilização do porvir.

23.3 Allan Kardec e os seus colaboradores

O século XIX desenrolava uma torrente de claridades na face do mundo, encaminhando todos os países para as reformas úteis e preciosas.

As lições sagradas do Espiritismo iam ser ouvidas pela Humanidade sofredora. Jesus, na sua magnanimidade, repartiria o pão sagrado da esperança e da crença com todos os corações.

Allan Kardec, todavia, na sua missão de esclarecimento e consolação, fazia-se acompanhar de uma plêiade de companheiros e colaboradores, cuja ação regeneradora não se manifestaria tão somente nos problemas de ordem doutrinária, mas em todos os departamentos da atividade intelectual do século XIX. A Ciência, nessa época, desfere os voos soberanos que a conduziriam às culminâncias do século XX. O progresso da arte tipográfica consegue interessar todos os núcleos de trabalho humano, fundando-se bibliotecas circulantes, revistas e jornais numerosos. A facilidade de comunicações, com o telégrafo e as vias férreas, estabelece o intercâmbio direto dos povos. A literatura enche-se de expressões notáveis e imorredouras. O laboratório afasta-se definitivamente da sacristia, intensificando as comodidades da civilização. Constrói-se a pilha de coluna, descobre-se a indução magnética, surgem o telefone e o fonógrafo. Aparecem os primeiros sulcos no campo da radiotelegrafia, encontra-se a análise espectral e a unidade das energias físicas da Natureza. Estuda-se a teoria atômica e a Fisiologia assenta bases definitivas com a Anatomia comparada. As artes atestam uma vida nova. A pintura e a música denunciam elevado sabor de espiritualidade avançada.

A dádiva celestial do intercâmbio entre o mundo visível e o invisível chegou ao planeta nessa onda de claridades inexprimíveis. Consolador da Humanidade, segundo as promessas do Cristo, o Espiritismo vinha esclarecer os homens, preparando-lhes o coração para o perfeito aproveitamento de tantas riquezas do Céu.

23.4 As ciências sociais

O campo da filosofia não escapou a essa torrente renovadora. Aliando-se às ciências físicas, não toleraram as ciências da alma a intervenção dos dogmas absurdos da igreja. As confissões cristãs, atormentadas e divididas, viviam nos seus templos um combate de morte. Longe de exemplificarem aquela fraternidade do Divino Mestre, entregavam-se a todos os excessos do espírito de seita. A filosofia recolheu-se, então, no seu negativismo transcendente, aplicando às suas manifestações os mesmos princípios da ciência racional e materialista. Schopenhauer é uma demonstração eloquente do seu pessimismo e as teorias de Spencer e de Comte esclarecem as nossas assertivas, não obstante a sinceridade com que foram lançadas no vasto campo das ideias.

A igreja romana era culpada de semelhantes desvios. Dominando a ferro e fogo, junto dos príncipes do mundo, não tratara de fundar o império espiritual dos corações à sua sombra acolhedora. Longe da exemplificação do Nazareno, amontoara todos os tesouros inúteis, intensificando as necessidades das massas sofredoras. Extorquia, antes de dar, conservando a ignorância em vez de espalhar a luz do conhecimento.

23.5 A tarefa do missionário

A tarefa de Allan Kardec era difícil e complexa. Competia-lhe reorganizar o edifício desmoronado da crença, reconduzindo a civilização às suas profundas bases religiosas.

Atendendo-se à missão de concórdia e fraternidade da América, o Plano Invisível localizou aí as primeiras manifestações tangíveis do Mundo Espiritual, no famoso lugarejo de Hydesville, provocando os mais largos movimentos de opinião. A fagulha partira das plagas americanas, como partira igualmente delas a consolidação das conquistas democráticas.

A Europa busca ambientar as ideias novas e generosas, que encontram o discípulo no seu posto de oração e de vigilância, pronto a atender aos chamamentos do Senhor. Numerosos cooperadores diretos da sua tarefa auxiliam-lhe o esforço sagrado, desdobrando as suas sínteses em gloriosos complementos. O orbe, com as suas instituições sociais e políticas, havia atingido um período de grandiosas transformações, que requeriam mais de um século de lutas dolorosas e remissoras, e o Espiritismo seria a essência dessas conquistas novas, reconduzindo os corações para o Evangelho suave do Cristianismo.

23.6 Provações coletivas na França

Cumpre-nos assinalar as dolorosas provas da França, depois dos seus excessos na Revolução e nas campanhas napoleônicas. Depois das revoluções de 1830 e 1848, mediante as quais se efetuam penosos resgates por parte dos indivíduos e das coletividades, surge a guerra franco-prussiana de 1870. A grande nação latina, em virtude de causas somente conhecidas no Plano Espiritual, é esmagada e vencida pela orgulhosa Alemanha de Bismarck, que, por sua vez, embriagada e cega no triunfo, ia fazer jus às dores amargas de 1914–1918.

Paris, que assistira com certa indiferença às dores dos condenados do terror, comparecendo aos espetáculos tenebrosos do cadafalso e aplaudindo os opressores, sofre miséria e fome em 1870, antes de cair em poder dos impiedosos inimigos, em 28 de janeiro de 1871. As imposições políticas do imperador Guilherme, em Versalhes, e as amarguras coletivas do povo francês nos dias da derrota, significam o resgate dos desvios da grande nação latina.

23.7 Provações da igreja

Aproximando-se o ano de 1870, que assinalaria a falência da igreja com a declaração da infalibilidade papal, o Catolicismo experimenta provações amargas e dolorosas.

Exaustos de suas imposições, todos os povos cultos da Europa não enxergaram nas suas instituições senão escolas religiosas, reduzindo-se as suas finalidades educativas e controlando-se-lhes o mecanismo de suas ações.

Compreendendo que o Cristo não tratara de açambarcar nenhum território do globo, os Italianos, naturalmente, reclamaram os seus direitos no capítulo das reivindicações, procurando organizar a unidade da Itália sem a tutela do Vaticano. Desde 1859, estabelecera-se a luta, que foi por muito tempo prolongada, em vista da decisão da França, que manteve todo um exército em Roma, para garantia do pontífice da igreja. Mas a situação de 1870 obrigara o povo francês a reclamar a presença dos guardas do Vaticano, triunfando as ideias de Cavour e privando-se o papa de todos os poderes temporais, restringindo-se a sua posse material.

Começa, com Pio IX, a grande lição da igreja.

O período das grandes transformações estava iniciado, e ela, que sempre ditara ordens aos príncipes do mundo, na sua sede de domínio, iria tornar-se instrumento de opressão nas mãos dos poderosos.

Observava-se um fenômeno interessante. A igreja, que nunca se lembrara de dar um título real à figura do Cristo, assim que viu desmoronarem-se os tronos do absolutismo com as vitórias da República e do Direito, construiu a imagem do Cristo Rei para o cume dos seus altares.

24
O ESPIRITISMO E AS GRANDES TRANSIÇÕES

24.1 A extinção do cativeiro

O século XIX caracteriza-se pelas suas numerosas conquistas. A par dos grandes fenômenos de evolução científica e industrial que o abalaram, observam-se igualmente os acontecimentos políticos de suma importância, renovando as concepções sociais de todos os povos da raça branca.

Um desses grandes acontecimentos é a extinção do cativeiro. Cumprindo as determinações do Divino Mestre, seus mensageiros do Plano Invisível laboram junto aos gabinetes administrativos, de modo a facilitar o generoso triunfo da liberdade.

As decisões do Congresso de Viena, reprovando o tráfico de homens livres, encontrara funda repercussão em todos os países. Em 1834, o parlamento inglês resolve abolir a escravidão em todas as colônias da Grã-Bretanha. Em 1850, o Brasil suprime o tráfico africano. Na revolta de 1848, a França delibera a extinção do cativeiro em seus territórios. Em 1861, Alexandre II da Rússia declarava livres todos os camponeses que trabalhavam sob o regime da escravidão e, de 1861 a 1865, uma guerra nefanda devasta o solo generoso dos Estados Americanos do Norte, em face da luta da secessão, que termina com a vitória da liberdade e das ideias generosas da grande nação da América.

24.2 O socialismo

Grandes ideias florescem na mentalidade de então. Ressurgem, aí, as antigas doutrinas da igualdade absoluta. Aparece o socialismo propondo reformas viscerais e imediatas. Alguns idealistas tocam a *Utopia* de Thomas More, ou *A República* perfeita, idealizada por Platão. Fundam-se as alianças de anarquismo, as sociedades de caráter universal. Uma revolução sociológica de consequências imprevisíveis ameaça a estabilidade da própria civilização, condenando-a à destruição mais completa.

O fim do século que passou é o cenário vastíssimo dessas lutas inglórias. Todas as ciências sociais são chamadas aos grandes debates levados a efeito entre o capitalismo e o trabalho. Onde se encontram, porém, as forças morais capazes de realizar o grande milagre da elucidação de todos os espíritos? A igreja romana, que nutria a civilização ocidental desde o seu berço, era a entidade indicada pela força das circunstâncias, para resolver o grande problema.

Todavia, após as afirmativas do Sílabus e depois do famoso discurso do bispo Strossmayer, em 1870, no Vaticano, quando Pio IX decretava a infalibilidade pontifícia, semelhante equação era muito difícil por parte da

Igreja. Entretanto, Leão XIII vem ao campo da luta com a encíclica *Rerum Novarum*, tentando conciliar o braço e o capital, apontando a cada qual os seus mais sagrados deveres. Se o efeito desse documento foi de considerável importância para as classes mais cultas do Velho e do Novo Mundo, tanto não se deu com as classes mais desfavorecidas, fartas de palavras.

24.3 Restabelecendo a verdade

O Espiritismo vinha, desse modo, na hora psicológica das grandes transformações, alentando o espírito humano para que se não perdesse o fruto sagrado de quantos trabalharam e sofreram no esforço penoso da civilização. Com as provas da sobrevivência, vinha reabilitar o Cristianismo que a igreja deturpara, semeando, de novo, os eternos ensinamentos do Cristo no coração dos homens. Com as verdades da reencarnação, veio explicar o absurdo das teorias igualitárias absolutas, cooperando na restauração do verdadeiro caminho do progresso humano. Enquadrando o socialismo nos postulados cristãos, não se ilude com as reformas exteriores, para concluir que a única renovação apreciável é a do homem íntimo, célula viva do organismo social de todos os tempos, pugnando pela intensificação dos movimentos educativos das criaturas, à luz eterna do Evangelho do Cristo. Ensinando a lei das compensações no caminho da redenção e das provas do indivíduo e da coletividade, estabelece o regime da responsabilidade, em que cada espírito deve enriquecer a catalogação dos seus próprios valores. Não se engana com as utopias da igualdade absoluta, em vista dos conhecimentos da lei do esforço e do trabalho individual, e não se transforma em instrumento de opressão dos magnatas da economia e do poder, por consciente dos imperativos da solidariedade humana. Despreocupado de todas as revoluções, porque somente a evolução é o seu campo de atividade e de experiência, distante de todas as guerras pela compreensão dos laços fraternos que reúnem a comunidade universal, ensina a fraternidade legítima dos homens e das pátrias, das famílias e dos grupos, alargando as concepções da justiça econômica e corrigindo o espírito exaltado das ideologias extremistas.

Nestes tempos dolorosos em que as mais penosas transições se anunciam ao espírito do homem, só o Espiritismo pode representar o valor moral onde encontre o apoio necessário à edificação do porvir. Enquanto os utopistas da reforma exterior se entregam à tutela de ditadores impiedosos, como os da Rússia e da Alemanha, em suas sinistras aventuras revolucionárias, prossegue ele, o Espiritismo, a sua obra educativa junto das classes intelectuais e das massas anônimas e sofredoras, preparando o mundo de amanhã com as luzes imorredouras da lição do Cristo.

24.4 Defecção da igreja católica

Desde 1870, ano que assinalou para o homem a decadência da igreja, em virtude da sua defecção espiritual no cumprimento dos grandes deveres que lhe foram confiados pelo Senhor, nos tempos apostólicos, que um período de transições profundas marca todas as atividades humanas.

Em vão o mundo esperou as realizações cristãs, iniciadas no império de Constantino. Aliada do Estado e vivendo à mesa dos seus interesses econômicos, a igreja não cuidou de outra coisa que não fosse o seu reino perecível. Esquecida de Deus, nunca procurou equiparar a evolução do homem físico à do homem espiritual, prendendo-se a interesses rasteiros e mesquinhos da política do mundo. É por isso que agora lhe pairam sobre a fronte os mais sinistros vaticínios.

24.5 Lutas renovadoras

O século XX surgiu no horizonte do globo, como uma arena ampla de lutas renovadoras. As teorias sociais continuam seu caminho, tocando muitas vezes a curva tenebrosa do extremismo, mas as revelações do Além-Túmulo descem sobre as almas, como orvalho imaterial, preludiando a paz e a luz de uma nova era.

Numerosas transformações são aguardadas e o Espiritismo esclarece os corações, renovando a personalidade espiritual das criaturas para o futuro que se aproxima.

As guerras russo-japonesa e a europeia de 1914–1918 foram pródromos de uma luta maior,[7] que não vem muito longe, e dentro da qual o planeta alijará todos os Espíritos rebeldes e galvanizados no crime que não souberam aproveitar a dádiva de numerosos milênios, no patrimônio sagrado do tempo.

Então a Terra, como aquele mundo longínquo da Capela, ver-se-á livre das entidades endurecidas no mal, porque o homem da radiotelefonia e do transatlântico precisa de alma e sentimento, a fim de não perverter as

[7] N.E.: O autor espiritual se refere à segunda guerra mundial, cujo cenário estava em construção na época de escrita desta obra.

sagradas conquistas do progresso. Ficarão no mundo os que puderem compreender a lição do amor e da fraternidade sob a égide de Jesus, cuja misericórdia é o verbo de vida e luz, desde o princípio.

Época de lutas amargas, desde os primeiros anos deste século, a guerra se aninhou com caráter permanente em quase todas as regiões do planeta. A Liga das Nações, o Tratado de Versalhes, bem como todos os pactos de segurança da paz, não têm sido senão fenômenos da própria guerra, que somente terminarão com o apogeu dessas lutas fratricidas, no processo de seleção final das expressões espirituais da vida terrestre.

24.6 A América e o futuro

Embora compelida a participar das lutas próximas, pelo determinismo das circunstâncias de sua vida política, a América está destinada a receber o cetro da civilização e da cultura, na orientação dos povos do porvir.

Em torno dos seus celeiros econômicos, reunir-se-ão as experiências europeias, aproveitando o esforço penoso dos que tombaram na obra da civilização do Ocidente para a edificação do homem espiritual que há de sobrepor-se ao homem físico do planeta, no pleno conhecimento dos grandes problemas do ser e do destino.

Para esse desideratum grandioso, apresta-se o Plano Espiritual, no afã de elucidação dos nobres deveres continentais. O esforço sincero de cooperação no trabalho e de construção da paz não é aí uma utopia, como na Europa saturada de preconceitos multisseculares.

Nos campos exuberantes do continente americano estão plantadas as sementes de luz da árvore maravilhosa da civilização do porvir.

24.7 Jesus

Há no mundo um movimento inédito de armamentos e munições. Teria começado neste momento? Não. A corrida armamentista do século XX começou antes da luta de Porto Artur, em 1904. As indústrias bélicas atingem culminâncias imprevistas. Os campos estão despovoados. Os homens se recolheram às zonas de concentração militar, esperando o inimigo, sem saber que o adversário está em seu próprio espírito. A Europa e o Oriente constituem um campo largo de agressão e terrorismo, com exceção das Repúblicas Democráticas, que se veem obrigadas a grandes programas de rearmamento, em face do Moloch do extremismo. Onde os valores morais da Humanidade? As igrejas estão amordaçadas pelas injunções de ordem econômica e política. Somente o Espiritismo, prescindindo de todas as garantias terrenas, executa o esforço tremendo de manter acesa a luz da crença, nesse barco frágil do homem ignorante do seu glorioso destino, barco que ameaça voltar às correntes da força e da violência, longe das plagas iluminadas da Razão, da Cultura e do Direito.

Convenhamos em que o esforço do Espiritismo é quase superior às suas próprias forças, mas o mundo não está à disposição dos ditadores terrestres. Jesus é o seu único diretor no plano das realidades imortais, e agora que o mundo se entrega a todas as expectativas angustiosas, os espaços mais próximos da Terra se movimentam a favor do restabelecimento da verdade e da paz, a caminho de uma nova era.

Espíritos abnegados e esclarecidos falam-nos de uma nova reunião da comunidade das potências angélicas do sistema, da qual é Jesus um dos membros divinos. Reunir-se-á, de novo, a sociedade celeste, pela terceira vez, na atmosfera terrestre, desde que o Cristo recebeu a sagrada missão de abraçar e redimir a nossa Humanidade, decidindo novamente sobre os destinos do nosso mundo.

Que resultará desse conclave dos anjos do Infinito? Deus o sabe.

Nas grandes transições do século que passa, aguardemos o seu amor e a sua misericórdia.

25
O EVANGELHO E O FUTURO

Um modesto escorço de História faz entrever os laços eternos que ligam todas as gerações nos surtos evolutivos do planeta.

Muita vez, o palco das civilizações foi modificado, sofrendo profundas renovações em seus cenários, mas os atores são os mesmos, caminhando, nas lutas purificadoras, para a perfeição d'Aquele que é a Luz do Princípio.

Nos primórdios da Humanidade, o homem terrestre foi naturalmente conduzido às atividades exteriores, desbravando o caminho da Natureza para a solução do problema vital, mas houve um tempo em que a sua maioridade espiritual foi proclamada pela sabedoria da Grécia e pelas organizações romanas.

Nessa época, a vinda do Cristo ao planeta assinalaria o maior acontecimento para o mundo, de vez que o Evangelho seria a eterna mensagem do Céu, ligando a Terra ao reino luminoso de Jesus, na hipótese da assimilação do homem espiritual, com respeito aos ensinamentos divinos. Mas a pureza do Cristianismo não conseguiu manter-se intacta, tão logo regressaram ao Plano Invisível os auxiliares do Senhor reencarnados no globo terrestre para a glorificação dos tempos apostólicos.

O assédio das trevas avassalou o coração das criaturas.

Decorridos três séculos da lição santificada de Jesus, surgiram a falsidade e a má-fé, adaptando-se às conveniências dos poderes políticos do mundo, desvirtuando-se-lhe todos os princípios, por favorecer doutrinas de violência oficializada.

Debalde enviou o Divino Mestre seus emissários e discípulos mais queridos ao ambiente das lutas planetárias. Quando não foram trucidados pelas multidões delinquentes ou pelos verdugos das consciências, foram obrigados a capitular diante da ignorância, esperando o juízo longínquo da posteridade.

Desde essa época, em que a mensagem evangélica dilatava a esfera da liberdade humana, em virtude da sua maturidade para o entendimento das grandes e consoladoras verdades da existência, estacionou o homem espiritual em seus surtos de progresso, impossibilitado de acompanhar o homem físico na sua marcha pelas estradas do conhecimento.

É por esse motivo que, ao lado dos aviões poderosos e da radiotelefonia, que ligam todos os continentes e países da atualidade, indicando os imperativos das leis da solidariedade humana, vemos o conceito de civilização insultado por todas as doutrinas de isolamento, preparando-se os povos, para o extermínio e para a destruição, e é ainda por isso que, em nome do Evangelho, se perpetram todos os absurdos nos países ditos cristãos.

A realidade é que a civilização ocidental não chegou a se cristianizar. Na França temos a guilhotina, a forca na Inglaterra, o machado na Alemanha e a cadeira elétrica na própria América da fraternidade e da concórdia, isto para nos referirmos tão somente às nações supercivilizadas do planeta. A Itália não realizou a sua agressão à Abissínia, em nome da civilização cristã do Ocidente? Não foi em nome do Evangelho que os padres italianos abençoaram os canhões e as metralhadoras da conquista? Em nome do Cristo espalharam-se, nestes vinte séculos, todas as discórdias e todas as amarguras do mundo.

Mas é chegado o tempo de um reajustamento de todos os valores humanos. Se as dolorosas expiações coletivas preludiam a época dos últimos "ais" do Apocalipse, a espiritualidade tem de penetrar as realizações do homem físico, conduzindo-as para o bem de toda a Humanidade.

O Espiritismo, na sua missão de Consolador, é o amparo do mundo neste século de declives da sua história; só ele pode, na sua feição de Cristianismo Redivivo, salvar as religiões que se apagam entre os choques da força e da ambição, do egoísmo e do domínio, apontando ao homem os seus verdadeiros caminhos. No seu manancial de esclarecimentos, poder-se-á beber a água cristalina das verdades consoladoras do Céu, preparando-se as almas para a nova era. São chegados os tempos em que as forças do mal serão compelidas a abandonar as suas derradeiras posições de domínio nos ambientes terrestres, e os seus últimos triunfos são bem o penhor de uma reação temerária e infeliz, apressando a realização dos vaticínios sombrios que pesam sobre o seu império perecível.

Ditadores, exércitos, hegemonias econômicas, massas versáteis e inconscientes, guerras inglórias, organizações seculares passarão com a vertigem de um pesadelo.

A vitória da força é uma claridade de fogos de artifício.

Toda a realidade é a do Espírito e toda a paz é a do entendimento do Reino de Deus e de sua Justiça.

O século que passa efetuará a divisão das ovelhas no imenso rebanho. O cajado do pastor conduzirá o sofrimento na tarefa penosa da escolha e a dor se incumbirá do trabalho que os homens não aceitaram por amor.

Uma tempestade de amarguras varrerá toda a Terra. Os filhos da Jerusalém de todos os séculos devem chorar, contemplando essas chuvas de lágrimas e de sangue que rebentarão das nuvens pesadas de suas consciências enegrecidas.

Condenada pelas sentenças irrevogáveis de seus erros sociais e políticos, a superioridade europeia desaparecerá para sempre, como o império romano, entregando à América o fruto das suas experiências, com vistas à civilização do porvir.

Vive-se agora, na Terra, um crepúsculo, ao qual sucederá profunda noite; e ao século XX compete a missão de desfecho desses acontecimentos espantosos.

Todavia nós, os operários humildes do Cristo ouçamos a sua voz no âmago de nossa alma:

Bem-aventurados os pobres, porque o Reino de Deus lhes pertence!
Bem-aventurados os que têm fome de justiça, porque serão saciados!
Bem-aventurados os aflitos, porque chegará o dia da consolação!
Bem-aventurados os pacíficos, porque irão a Deus!

Sim, porque, depois da treva surgirá uma nova aurora. Luzes consoladoras envolverão todo o orbe regenerado no batismo do sofrimento. O homem espiritual estará unido ao homem físico para a sua marcha gloriosa no Ilimitado, e o Espiritismo terá retirado dos seus escombros materiais a alma divina das religiões, que os homens perverteram, ligando-as no abraço acolhedor do Cristianismo restaurado.

Trabalhemos por Jesus, ainda que a nossa oficina esteja localizada no deserto das consciências.

Todos somos chamados ao grande labor e o nosso mais sublime dever é responder aos apelos do Escolhido.

Revendo os quadros da história do mundo, sentimos um frio cortante neste crepúsculo doloroso da civilização do Ocidente. Lembremos a Misericórdia do Pai e façamos as nossas preces. A noite não tarda e, no bojo de suas sombras compactas, não nos esqueçamos de Jesus, cuja Misericórdia Infinita, como sempre, será a claridade imortal da alvorada futura, feita de paz, de fraternidade e de redenção.

CONCLUSÃO

Meus amigos, Deus vos conceda muita paz.

Agradeço a vossa colaboração, em face de mais este esforço humilde do nosso grupo na propagação dos grandes postulados do Espiritismo evangélico, como agradeço também à Misericórdia Divina o bendito ensejo que nos foi concedido. Em nosso modesto estudo da História, um único objetivo orientou as nossas atividades – o da demonstração da influência sagrada do Cristo na organização de todos os surtos da civilização do planeta, a partir da sua escultura geológica.

Nossa contribuição pode pecar pela síntese excessiva, mas não tínhamos em vista uma nova autópsia da História do globo em suas expressões sociais e políticas, e sim revelar, mais uma vez, os ascendentes místicos que dominam os centros do progresso humano, em todos os seus departamentos.

Sinto-me feliz com a vossa colaboração dedicada e amiga. Algum dia, Deus me concederá a alegria de falar dos laços que nos unem de épocas remotas, porque não é sem razão que nos encontramos reunidos e irmanados no mesmo trabalho e no mesmo ideal.

Reitero-vos, aqui, meu agradecimento comovido e sincero.

Quando lá fora se prepara o mundo para as lutas mais dolorosas e mais rudes, devemos agradecer a Jesus a felicidade de nos conservarmos em paz em nossa oficina, sob a égide do seu Divino Amor. Prometemos, tão logo seja possível, um ensaio no gênero romântico.[8] Permitirá Deus que sejamos felizes. Assim o espero, porque não ponho em dúvida a sua Infinita Misericórdia.

Que Deus vos guie e abençoe, conservando-vos a tranquilidade sagrada dos lares e dos corações.

Emmanuel

(Mensagem recebida em 21/9/1938.)

[8] N.E.: Refere-se ao "romance" de sua vida de patrício romano e legado na Judeia ao tempo do Cristo, obra já concluída e publicada em dois volumes, que são *Há dois mil anos* e *Cinquenta anos depois*.

ÍNDICE GERAL[9]

9 N.E.: Remete ao número do capítulo.

Índice geral

Índice geral

BIOGRAFIA DE

CHICO XAVIER

Um dos mais destacados expoentes da cultura brasileira do século XX, Chico Xavier nasceu em 1910 e, desde os 5 anos, começou a ver e ouvir os Espíritos, tendo estabelecido com eles um relacionamento que deu resultado à publicação de mais de 400 obras.

Esse intenso trabalho foi interrompido apenas em 2002, ano de sua desencarnação, e resultou em um acervo de diversos gêneros literários, como poemas, contos, crônicas, romances, obras de caráter científico, filosófico e religioso.

Testemunhando qualidade literária extraordinária, as obras de Chico Xavier são um autêntico sucesso editorial e já alcançaram mais de 25 milhões de exemplares somente em língua portuguesa. Muitos de seus livros são *best-sellers* indiscutíveis, inspirando a produção de filmes, peças de teatro, programas e novelas de televisão.

De personalidade bondosa, nosso querido Chico sempre se dedicou ao auxílio dos mais necessitados; o trabalho em benefício do próximo possibilitou ao médium a indicação, por mais de 10 milhões de pessoas, ao Prêmio Nobel da Paz de 1981. No ano de 2012, Francisco Cândido Xavier foi eleito "O maior brasileiro de todos os tempos", em evento realizado pelo Sistema Brasileiro de Televisão (SBT).

BIOGRAFIA DE

EMMANUEL

Conhecido por ser o guia espiritual do médium Francisco Cândido Xavier, o Espírito Emmanuel tem atuação de destaque no campo do estudo, prática e divulgação do Evangelho de Jesus a partir da Doutrina Espírita. O mentor fez parte da equipe que auxiliou Allan Kardec na Codificação e assinou a primeira, das duas mensagens, intitulada "O egoísmo", item 11, disponível no capítulo XI de *O evangelho segundo o espiritismo*.

Por meio de suas expressões literárias, Emmanuel revelou suas encarnações mais conhecidas: o senador romano Publius Lentulus, o escravo Nestório, o padre Manuel da Nóbrega e o padre Damiano. O primeiro encontro com Chico Xavier aconteceu em 1931, quando confidenciou ao médium os planos de publicar 30 obras. Emmanuel foi o coordenador de todo o trabalho psicografado por Chico. A parceria entre os dois trouxe à luz mais de uma centena de obras espíritas, das quais 63 fazem parte do catálogo da FEB e três foram inseridas entre os dez melhores livros espíritas do século XX.

Traduzidos para vários idiomas, os livros de Emmanuel englobam romances históricos, mensagens e conselhos espirituais, entre outros, que repassam profundo conhecimento sobre a mensagem do Cristo, seu estudo e sua vivência.

FEB editora
Livro espírita para um novo mundo
www.febeditora.com.br
@febeditoraoficial
@febeditora

Produção Editorial:
Elizabete de Jesus Moreira

Revisão:
Equipe FEB Editora

Capa e Projeto Gráfico:
Ingrid Saori Furuta

Diagramação:
Luiza Jannuzzi Fonseca
Thiago Pereira Campos

Foto de Capa:
http://istock.com/aniszewski

Normalização Técnica:
Biblioteca de Obras Raras e Documentos Patrimoniais do Livro

Esta edição foi impressa pela Gráfica e Editora Qualytá Ltda., Brasília, DF, com tiragem de 6,5 mil exemplares, todos em formato fechado de 155x230 mm e com mancha de 109/180 mm. Os papéis utilizados foram o Off white 58 g/m² para o miolo e o Cartão 250 g/m² para a capa. O texto principal foi composto em fonte Adobe Garamond Pro 14/16,3 e os títulos em District Thin 22/26. Impresso no Brasil. *Presita em Brazilo.*